U0925055

回落到企业具体就是：
一、业绩的背后是团队，团队的背
后是工具，工具的背后是系统，系
统的背后是投资

老板要掌握的8大商业创新的底层逻辑

王冲　朱权鑫◎著

中国商业出版社

图书在版编目（CIP）数据

老板要掌握的8大商业创新的底层逻辑 / 王冲，朱权鑫著. -- 北京 : 中国商业出版社，2024.6
ISBN 978-7-5208-2896-3

Ⅰ. ①老… Ⅱ. ①王… ②朱… Ⅲ. ①商业模式—研究 Ⅳ. ①F71

中国国家版本馆 CIP 数据核字（2024）第 079815 号

责任编辑：包晓嫱
策划编辑：佟　彤

中国商业出版社出版发行
（www.zgsycb.com 100053 北京广安门内报国寺1号）
总编室：010-63180647　编辑室：010-83118925
发行部：010-83120835/8286
新华书店经销
三河市京兰印务有限公司印刷
*
710 毫米 ×1000 毫米　16 开　12.5 印张　163 千字
2024 年 6 月第 1 版　2024 年 6 月第 1 次印刷
定价：199.00 元
* * * *
（如有印装质量问题可更换）

前 言

在商业的激烈竞争中，成功的老板们不仅仅是潮流的追随者，更是敢于挑战常规、勇于创新的引领者。本书将为您揭示，作为老板必须掌握的八大商业创新的底层逻辑。它不仅是推动企业腾飞的关键所在，更是对传统经营模式的颠覆与超越。

第一个大创新：以价值为导向的经营策略

成功的老板深知，企业的价值不仅仅体现在产品或服务本身，更在于如何为客户创造真正的价值。本书将解析以价值为导向的经营底层逻辑，帮助您超越传统观念，不仅提供产品，更为客户创造深刻的体验，赢得市场的口碑和忠诚。

第二个大创新：全面提升企业灵活性的能动型战略

老板要做的不仅是适应市场变化，更是应对挑战，实现企业的全方位创新。了解能动型战略的底层逻辑，将让您的企业成为灵活而高效的组织，随时迎接未知的变数。

第三个大创新：构建共同体型战略

成功的老板明白，单打独斗的时代早已过去，构建协同型组织是实现长期成功的关键。通过深入了解共同体型战略的底层逻辑，您将能够重新定义企业的关系网络，从事业共同体转变为使命共同体，实现更大的价值创造。

第四个大创新：垂直型战略的精准选择

老板要清楚，在追求扩张的过程中，垂直细分市场的策略能够带来更加精准的成果。了解垂直型战略的底层逻辑，将帮助您在纵向发展中明智地取舍，找到企业最适合的成长路径。

第五个大创新：商业模式创新的三大成功标志

商业模式创新是老板赢得未来市场的法宝。通过深入分析商业模式创新的底层逻辑，您将掌握判断成功与失败的关键标志，确保企业在激烈的竞争中始终保持领先地位。

第六个大创新：长尾式商业模式的巧妙运用

了解长尾式商业模式的底层逻辑，老板们将能够发现那些隐藏在市场长尾中的机会，打破规模化生长的惯性思维，获得少量多样的颠覆力。

第七个大创新：免费式商业模式的实质

免费式商业模式并非简单的赠品或优惠，它蕴含着深刻的商业逻辑。通过了解免费式商业模式的底层逻辑，老板将能够在市场中敏锐地洞察到竞争对手的行动，保持灵活应变。

第八个大创新：定制式商业模式的个性化经营

成功的老板明白，“一刀切”的经营已不再适用。深入了解定制式商业模式的底层逻辑，才能打破传统的市场模式，实现完全私人化的定制化经营，满足不同客户的个性需求。

本书将为您揭示这八大商业创新的底层逻辑，帮助您在激烈的商业竞争中保持领先地位，助您成为成功的老板。阅读本书，让创新成为您引领企业风潮的法宝。

PART 1　以价值为导向的经营策略

PART 2 全面提升企业灵活性的能动型战略

PART3 构建共同体型战略

PART4 垂直型战略的精准选择

PART 5　商业模式创新的三大成功标志

PART 6　长尾式商业模式的巧妙运用

PART7　免费式商业模式的实质

PART8　定制式商业模式的个性化经营

PART 1

以价值为导向的经营策略

一、企业家角色变革与升级

（一）成为一个有“野心”的企业家

数据显示，在这个世界上，成功的企业家与一般人的数量悬殊，一般人所占的比例高达97%，而成功的企业家仅占3%。为什么有些人穷其一生也不能成为3%中的一分子？是什么原因导致如此悬殊的比例？原因便在于一般人缺乏坚定的信念和心态，没有“想当将军”的野心。

人的惰性是与生俱来的，不到万不得已，没有一个人愿意主动改变、探索或承担责任。但是做生意、经营企业，想要让企业获得盈利和实现利润最大化，想要让企业得到发展，作为企业的“掌舵人”便不能抱着安于现状的念头，更不能没有危机意识，必须有一颗“想当将军”的心，成为一个有“野心”的企业家。否则，你只能处于商业“食物链”的底层，企业也会在激烈的市场竞争中惨遭淘汰。

有“野心”对于企业家意味着什么呢？意味着面临挑战时，企业管理者能够知难而上、自强不息；意味着面对障碍时，企业管理者能够竭尽全力披荆斩棘；意味着在顺境时，企业管理者不会迷失方向，在逆境时，企业管理者不会轻言放弃；意味着面对诱惑时，企业管理者能够克服一切、不为所动……总之，企业管理者的心越“野”，便能带领企业走得越远，企业也会越大越强。

吉利控股集团董事长李书福是位有“野心”的企业家，因此吉利汽车在他的带领下从小山村走向了世界。在创业之初，即使得不到他人的理解和支持，李书福仍初心不改、迎难而上。他曾这样说：“我决定要研究、生产汽车，却没有太多的人相信。大家都认为中国在汽车工业领域已经没有优势了，只能与外国汽车公司合作才有可能取得成功。”但是，李书福始终坚信“中国一定会成为世界上最大的汽车市场”。为了让中国生产的汽车跑遍全世界，即使被无数次歧视、小觑，李书福仍迎难而上。虽然坚持的过程是艰辛的，但李书福确实做到了他所期望的让中国生产的汽车跑遍全世界。

苏宁董事长张近东也是位有“野心”的企业家，他将一家只有200平方米门面、十几名员工的小公司发展成为规模如此庞大的苏宁集团。张近东怀揣一个“要做中国家电的沃尔玛”的梦想，不断努力与坚持着。正是这份对梦想的坚持，使他在一次次对战中取胜，带领苏宁做大做强。在1990年开业之初，张近东便在服务上布局，让苏宁赚到了关键的“第一桶金”；1991年张近东在渠道上布局，因为他知道掌握了渠道便是掌握了财富；2003年，在业内叫苦连天“家电难做”时，张近东在综合家电经营上布局，首创“3C模式”。在张近东一次次坚持下，苏宁企业不断壮大，张近东也不断向自己的梦想靠近。

美国加利福尼亚大学的心理学家迪安·斯曼特曾经说过：“野心是人类行为的推动力，人类通过拥有野心，可以有力量攫取更多的资源。”因此，不要低估野心的力量。为了企业的发展，企业管理者一定要成为一个有野心的企业家。

第一，戒掉消极的语言。语言具有无形的魔力，它能够激励一个人的意志，也可以摧毁一个人的意志，正如俗语所说“积极使人进步，消极使人堕落”。因此，企业管理者一定要戒掉消极的语言。

第二，将野心具体化。巴菲特的野心并不是成为股神，而是成为一个优秀且专业的投资人。因此，企业管理者需要将野心具体化，即探究野心背后的需求，将该需求作为奋斗、努力的目标。

野心是人内在本能的生命力，它能够让企业管理者进入一种自发自动的状态，给予企业管理者无尽前进与创造的动力。因此，企业管理者要想有所

成就，势必要成为一个有野心的企业家。

（二）做团队引领者

一名游客在宠物店想要买一只鹦鹉。店铺里有三只鹦鹉：第一只鹦鹉的标签上写着“会说两种语言，售价300美元”；第二只鹦鹉的标签上写着“会说四种语言，售价600美元”；第三只鹦鹉的标签上没有写任何介绍，只标明售价是1 200美元。游客好奇地问道：“为什么这只鹦鹉这么贵？难道它会说8种语言？”店主笑了笑回道：“这只鹦鹉不会说8种语言，但它是老板，在它的领导下，那两只鹦鹉可以更高效地工作。”

这个故事告诉我们一个道理：企业管理者不必事必躬亲，而是要想方设法引领企业前进与发展，这样才是出色的企业管理者。

企业管理者过度管理或事必躬亲，势必会造成“老板忙得团团转，下属没事干”的局面。企业中的这种局面对企业的发展和员工的成长都是极其不利的。

首先，每个人的精力和意志力是有限的，企业管理者也是一样。斯坦福大学的心理学家凯利·麦格尼格尔（Kelly McGonigal）博士研究发现：相较一般人，管理者更有意志力。但凯利博士还发现：为了实现目标，管理者会一直努力，直到耗尽意志力。在企业规模尚小的时候，企业管理者事必躬亲完全没有问题，甚至这种做法还有利于企业的发展。可是随着企业规模不断扩大，企业管理者这时就要转变角色，从企业“业务能手”“技术能手”等角色中脱离出来，向企业“掌舵人”的角色转变，为员工指明发展方向和制定经营战略。

苏宁董事长张近东曾说：“伴随着业务的发展，个人角色从一线经营参

与者转向战略制定者，更多精力放在经营决策的把握以及整体战略方向的制定上。”

在企业规模尚小的时候，为了企业的发展与壮大，企业管理者需要事必躬亲，并将有限的意志耗尽；待企业发展壮大，如果企业管理者不能完成角色的变革和升级，仍旧沿用事必躬亲的方式管理企业，就算企业管理者每天忙得团团转，企业也得不到发展。这是因为大到制定企业发展战略、搭建组织团队，小到员工绩效考核、新人培训、物资采购都是企业管理者的工作。企业管理者如果将有限的精力用在上层战略决策方面，那么便不会有太多的精力处理日常业务琐事，便会影响业务活动的进度、打击员工的积极性、降低客户的满意度等。反之，企业管理者如果将有限的精力用在处理日常琐事上，那么便不会有更多的精力和时间思考企业的整体战略，这便会影响企业的生存和发展。如果两头都抓不住、管不好，这对企业来说无疑是一场“灾难”。

其次，企业管理者事必躬亲，不仅会造成企业员工责任感的缺失，还会让员工得不到锻炼。这是因为当企业管理者事无巨细地过问时，员工会认为“反正所有的事情领导都会过问，只要按照领导说的做就可以，就算出现问题，我也不用承担责任，反正有领导给我兜着”。于是，明明员工自己就可以做决定的事情，仍会向领导请示。

其实，企业管理者就如战场上的军师，军师不需要亲自带兵打仗，只需要在后方排兵布阵即可，如果军师执意要亲自带兵打仗，那么士兵们很可能会付出生命的代价，这种战役也会以失败告终。

总而言之，企业管理者不必事必躬亲，而是应该做好团队的引领者。

然而，很多企业管理者仍旧不能明白这个道理，总是事事亲为、实时指挥，还为自己的勤勉负责而感动，却不知员工早已怨声载道、苦不堪言。

那么，企业管理者究竟怎么做才能管理好企业、做好团队引领者呢？

第一，企业管理者需要改变心态、转换角色，明白自己是企业的管理者，

而不是业务员。

第二，企业管理者要懂得包容。能力是需要锻炼和培养的，要想员工得到锻炼和成长，企业管理者要懂得包容员工，不要害怕员工能力不足，更不要害怕员工会在工作时出现失误。只要企业管理者愿意放手让员工尝试，并懂得包容员工的错误，员工一定能得到锻炼和成长。

第三，企业管理者要适当放权。权利和义务是相互制约、相互协调的，当员工没有任何权利的时候，他便不会承担任何义务，也不会对自己的工作负责和用心。因此，企业管理者要适当放权，赋予员工权利的同时，也让员工承担起他应该承担的义务和责任。

在这个世界上并不存在没有问题的企业，一名优秀的企业管理者的作用就是发现问题并解决问题。要想解决问题，企业管理者便要当好引领人，不过度干预，做到提要求、给方法、管结果，如此一来，企业才能上下一心、基业长青。

（三）学会授权而不是“越俎代庖”

很多企业管理者常常会抱怨:“为什么我的那些下属，没有一个有能力的，什么事情都做不好，什么事情都需要我做主、我来做？”

其实，这很可能是企业管理出了问题。很多企业管理者不懂得授权，常常越俎代庖，才导致企业员工的才能得不到施展。长此以往，将使企业的发展面临很多问题。

首先，会扰乱员工正常的工作秩序。员工有自己工作的流程和安排，如果企业管理者越权管理员工，对员工正常的工作流程横加干预，那必然会扰乱员工的工作节奏与安排，让员工感到无所适从。

其次，会打击员工的工作积极性。企业管理者凡事自己来，常常过问、

插手员工的工作，会让员工有种不被信任的感觉。基于此，很多员工便会用消极的态度对待工作，认为反正什么事情都有上级领导承担，自己何必费心劳力，直接听领导的指挥就好。

最后，会破坏企业内部团结。企业管理者经常越权行事，自然会招致员工的不满和抱怨，久而久之，企业管理者与员工之间的隔阂便会越来越深，进而导致企业内部不团结，影响工作的顺利开展与企业的良性运行。

因此，企业管理者要有的放矢地进行管理，学会授权而不是“越俎代庖”。我国晚清战略家曾国藩曾说：“办大事者，以多选替手为第一义。”然而，明白这一道理的企业管理者并不是很多，即使明白也不愿意授权、放权的管理者也大有人在，原因有二：第一，认为授权就是对自己地位的“架空”；第二，认为把权力下放给员工容易，收回来却不是一件容易的事情。

出于这两个原因，很多企业管理者从不对员工授权。他们常常把所有事情揽在身上，即使自己整天忙忙碌碌，被企业的大事、小事搞得焦头烂额，也从不会将一件事情交给下属员工去做。那么，企业管理者将所有权力攥在手中真的适合公司发展吗？答案是否定的。

微软公司前首席执行官兼总裁史蒂夫·鲍尔默曾说：“有人告诉我他一周工作九十小时，我对他说，你完全错了，写下二十项每周至少让你忙碌九十小时的工作，仔细审视后，你将会发现其中至少有十项工作是没有意义的，或是可以请人代劳的。”史蒂夫·鲍尔默还对微软的经理提出这样一条忠告：“不要什么事都做。你的任务是计划、组织、控制、指挥。”

企业管理者应该学会放权，这样既能将自己从忙碌的工作中挣脱出来，将有限的精力和时间用在思考企业全局性发展的问题上，还能调动员工的积极性，团结企业内部力量。

第一，不是所有的事情都可以授权。企业管理者要清楚哪些事情可以授权，哪些事情不可以授权。例如，员工有能力做的事情、占用企业管理者很多精力和时间却价值比较低的事情是可以授权的，对企业影响重大的项目、

财务管理等是不可以授权的。

第二，一次只授权一件重要事情。如果一次性向员工下达多个任务，员工便会顾东而西乱，顾西而东扰，最终一件事情都做不好。比如，企业管理者将采购物资的任务交给某个员工，授权该员工为这件事情的主要负责人，该员工会全力以赴、想方设法在规定的时间完成这件事情，不需要将精力和时间分散在别的事情上。

第三，选择合适的授权对象。企业管理者在进行授权时，需要根据员工的能力和态度，对授权范围进行确定。比如，对于工作能力强且工作态度端正的员工，企业管理者可以扩大授权范围；对于工作能力不强但工作态度端正，或工作能力强但工作态度比较敷衍的员工，企业管理者需要缩小授权范围；对于工作能力弱，工作态度又极其敷衍的员工，企业管理者应该尽量少授权。

第四，授权的同时进行监督。授权不是弃权、不管不顾，也不是什么事情都不管，做“甩手掌柜”，而是在授权的同时进行监督和控制。这样，企业管理者才能及时发现问题并提出解决方案，从而确保员工可以按时且保质保量地完成任务，进而得到自己想要的结果。

《三国志·吴书·孙权传》中有言：“能用众力，则无敌于天下矣；能用众智，则无畏于圣人矣。”企业管理者便是“能用众力”“能用众智”的人，因此企业管理者一定要将这一条件充分利用起来：利用员工的智慧，让员工帮自己完成目标。

（四）成功的企业家都是解决问题的高手

在商业世界中，成功的企业家通常具备一项非常重要的特质，那就是他们是卓越的问题解决者。这并不是偶然的巧合，而是他们在追求成功的道路

上必须掌握的关键技能之一。无论是处于创业初期还是企业已经发展成熟的阶段，面对各种挑战和难题，解决问题的能力都是走向成功至关重要的因素。

创业初期的挑战：对于创业者来说，创业初期充满了未知和不确定性。他们面临市场定位、产品开发、融资等各种挑战。在这个阶段，卓越的问题解决能力可以帮助他们迅速应对困难，找到合适的市场定位，改进产品或服务，有效管理有限的资源，以确保企业在竞争激烈的市场中立足。

企业成熟发展阶段的挑战：即使企业已经取得了成功，问题仍然是不可避免的。市场趋势、竞争态势、技术进步等方面的变化都可能给企业带来挑战。在这个阶段，成功的企业家需要持续发展他们的问题解决技能，以适应不断变化的环境，确保企业的可持续增长。

问题是商业成长的"催化剂"，也是创新的源泉。企业家要明白，问题不仅是阻碍，更是机遇。因为每一个问题都蕴含着解决它的机会，而这正是成功的企业家所追求的。而想方设法解决问题不仅仅是为了摆脱困境，更是为了开拓前进的道路。

这一观点在许多企业成功的案例中都得到了充分体现。

2007年，当时的苹果首席执行官史蒂夫·乔布斯面临着一个问题：智能手机市场充斥着千篇一律的产品，没有真正引领潮流的手机。这个问题激发了乔布斯的创新灵感，他重新定义了移动通信，推出了第一代iPhone。iPhone的推出不仅解决了这一问题，还改变了整个手机行业，开创了一个全新的市场。

布莱恩·切斯基和乔·吉比亚共同创办了爱彼迎（Airbnb）。当时，旅行者经常在陌生城市找不到合适的住宿，而一些房屋却闲置。他们创造了一个在线平台，让旅行者可以租住当地人的空房，而房东也能获得相应的收入。这一方案不仅解决了问题，还颠覆了传统的住宿行业。

为了应对传统燃油汽车对环境的不利影响以及对有限石油资源的过度依

赖，伊隆·马斯克创建了特斯拉（Tesla）。他的创新思维带来了电动汽车的革命，特斯拉的电动车成为汽车行业的标杆，同时也推动了可再生能源技术的发展。

亚马逊（Amazon）的创始人杰夫·贝索斯认识到，传统零售业存在物流效率低下、选择有限以及价格高昂等问题。他的创新思维解决了这些问题，提供了更多选择、更高效的物流和更低的价格，带来了在线零售的革命，使得亚马逊成为全球最大的在线零售平台。

问题不仅仅是困扰，更是引领企业向前发展的“催化剂”。成功的企业家懂得利用问题的力量，不断创造新的商业价值。这种积极的态度和创新精神是他们走向成功的关键因素。

成功的企业家拥有一种独特的思维方式，他们能够将问题视作一个复杂的谜题，而不是不可逾越的障碍。他们的思维方式有以下四个关键特点。

第一，深入分析问题的根本原因。与仅仅解决问题的表面症状不同，成功的企业家更关注问题的根本原因。他们追踪问题的源头，深入了解问题产生的机制，以便从根本上解决它。这种深入分析的过程有助于他们更全面地理解问题，并为创新提供了坚实的基础。例如，当苹果面临智能手机市场的问题时，史蒂夫·乔布斯深入思考了用户的需求以及手机市场的痛点，最终提出了一种革命性的解决方案。

第二，深入思考问题的根本原因，为企业家提供创新的方向。成功的企业管理者不满足于传统的解决方法，而是寻求独特的、前所未有的解决方案。这种创新思维能帮助他们在市场上脱颖而出。举例来说，爱彼迎的创始人发现旅行者在住宿方面面临的问题，通过在线分享经济的模式提供了一种前所未有的解决方案，创造了新的商业机会。

第三，成功的企业家了解市场需求并能够将其与问题解决的思维方式相结合。他们将问题解决作为满足市场需求的途径，确保他们的创新解决方案

符合客户的期望。这种面向市场需求的思维方式有助于他们打造成功的产品或服务，满足消费者的实际需求。

第四，成功的企业家知道，市场和问题是不断变化的。因此，他们不断磨炼自己的分析能力和创新思维，以适应不断变化的环境。这种灵活性使他们能够更好地解决新出现的问题，并在竞争激烈的市场中保持竞争力。

总之，成功的企业家具备深入思考问题的能力，他们将问题视为商机，通过深入分析问题的根本原因，找到创新的方向，满足市场需求，并不断适应变化的环境。这种问题解决的思维方式是他们成功的关键，能帮助他们在竞争激烈的商业世界中脱颖而出。

与此同时，逆境中的机会是商业世界中一种难得的资源。成功的企业家深知逆境不可避免，但他们也了解逆境中蕴藏着宝贵的机会。逆境往往是问题的集中爆发，但也是解决问题的最佳机会。

第一，逆境迫使企业家重新审视自己的策略和方法。他们不会僵化地坚守原有计划，而是愿意灵活调整，以适应新的环境。这种能力使他们能够更好地应对问题，并找到新的商业机会。例如，在全球金融危机期间，许多企业家改变了市场定位，调整了产品组合，以更好地适应市场的不确定性。

第二，逆境激发了创新的需求。企业家们常常在逆境中寻找新的解决方案，以满足客户的需求。他们可能会开发新产品、提供新服务，或者采用新的商业模式。正是由于他们能够提供独特的解决方案，这种创造力使他们往往能在竞争中脱颖而出。

第三，逆境通常伴随着客户需求的变化。成功的企业家会积极响应这些变化，以确保他们的产品或服务仍然符合客户的期望。他们可能会与客户互动，收集信息，并根据客户的反馈调整自己的业务。这种客户导向的方法有助于他们保持客户忠诚度，并在逆境中寻找新的商机。

第四，逆境要求企业家变得更加机智和灵活。他们需要快速作出决策，迅速适应新的情况，并找到应对问题的方法。这种机智和灵活性是他们在竞

争激烈的市场中脱颖而出的关键。

综上所述，逆境中的机会不仅是解决问题的最佳时机，也是成功的企业家展现其管理才能和创新能力的机会。通过调整策略、创造新的解决方案、更好地满足客户需求以及保持机智和灵活性，成功的企业家能够在逆境中蓬勃发展，并为未来的成功奠定坚实的基础。

当然，学习与持续改进也是解决问题的高手所坚守的原则，成功的企业家深知这两点的重要性。成功的企业家明白，商业环境在不断变化，问题也会不断涌现。因此，他们保持谦逊，愿意借鉴他人的经验，并在面对问题时不断提升解决问题的技能。这种学习与持续改进的态度让他们能够适应变化，不断壮大自己的企业。

第一，成功的企业家认识到学习是一项终身任务。他们主动寻求新的知识和信息，保持对行业趋势的敏感性。无论是通过阅读行业报告、参加研讨会还是寻求导师的建议，他们持续地积累知识，以更好地了解市场和问题的变化。

第二，解决问题的高手不仅依赖自身的智慧，还会借鉴他人的经验和教训。他们寻找成功企业家和行业领袖的故事，分析他们的决策和方法，从中汲取灵感和教益。这种开放的态度让他们能够站在巨人的肩膀上，更快地解决问题。

第三，成功的企业家不满足于过去的成就，他们不断反思和改进自己的方法。他们将每次问题解决经验视为一个机会，以了解如何在未来更好地应对类似问题。这包括重新评估策略、提高团队效率，甚至是更改业务模型。持续改进是他们在竞争激烈的市场中保持竞争力的关键。

第四，商业环境不断演变，新的挑战随之而来。成功的企业家能够灵活应对这些变化，因为他们已经养成了学习和适应的习惯。他们不会因为新问题或市场波动而感到沮丧，相反地，他们视之为机会，并根据新的信息和情况来调整他们的策略。

在商业世界，成功的企业家之所以能够脱颖而出，一个重要的原因是他们是解决问题的高手。问题不是他们前进的绊脚石，而是他们通向成功的阶梯。通过深入思考、灵活应对、持续学习和积极寻找机会，企业管理者能够不断壮大自己的企业，创造出更加独特和有竞争力的商业模式。成功的企业家明白，问题并不可怕，而是到达成功的必经之路。

二、企业家思维变革与升级

（一）超前思维：预测并思考未来5~10年发展趋势

所谓“超前思维”就是企业家要全方位、多角度对企业、市场以及社会的未来发展方向和趋势进行分析、判断及预测，提前作出正确决策，从而让企业得到发展的思维。

杰克是美国一家缝纫机厂的厂长，在世界大战之前，缝纫机的销量是可观的，可是自从世界大战爆发，缝纫机的销量一日不如一日，最终出现了滞销的局面。看着因战火而处于停滞、瘫痪状态的缝纫机厂，杰克心中产生了新的想法。所以，当他的儿子问：“面对现在的场景，我们是继续生产还是停产？”杰克丝毫没有犹豫地回答道：“停产。不过生意还要继续，我们要改行生产另一种产品——轮椅。”

儿子虽然不理解杰克的想法，但表示赞同。经过设计和改造，轮椅被陆陆续续生产出来。世界大战终于结束了，轮椅的销量急剧飙升，因为战争中伤残的士兵们纷纷跑来买轮椅。由于只有杰克的工厂生产这种小轮椅，国外的客户也纷纷前来采购，于是一时间轮椅供不应求。

看着日进斗金的工厂，杰克的儿子陷入了沉思，问道：“因为战争，我们的轮椅供不应求。战争结束一段时间了，再这样大批量生产的话，迟早会滞销的。接下来我们该怎么办？”杰克早已经思考过这个问题，也有了新的发展规划：他要改行生产健身器材。杰克解释道：“受战争的摧残，在未来的30年甚至50年，人们最大的愿望就是能够生活美好，然而美好的生活需要健康的身体做支撑。”

之后，一批批的健身器材被生产了出来，可是此时健身器材的销量并不理想。还没等境况好转，杰克便由于年事已高离开了人世。杰克的儿子依旧坚定不移地继续生产健身器材，因为他对父亲的超前思维坚信不疑。十几年之后，市场发生了变化，购买健身器材的人越来越多，由于当时在美国只有杰克家族生产健身器材，因此杰克家族的工厂迎来了“春天”，健身器材销量日渐增加。后来，杰克家族又根据市场需求，开始生产不同品种、不同功能效果的健身器材，没过多久，杰克家族便成为亿万富翁，杰克家族的工厂也成功占据行业巨头的地位。

在当今瞬息万变、竞争激烈的市场环境中，企业家想要发展壮大，一定要具有超前思维，用更大的视野、更高的格局思考问题。企业家在用超前思维思考问题时，需要注意两个问题。

第一，对事情的分析、预测不能脱离现实情况。虽然对事情的分析、预测是对企业、市场或者社会未来的发展趋势进行预测，但不能脱离现实谈未来，不能天马行空、任意想象，而要实事求是、从实际出发，从现实状态的未来发展趋势出发。

第二，要不断学习、收集信息。虽然超前思维是预测并思考未来5~10年发展趋势，但这种预测和思考是建立在企业家的知识、经验以及收集的信息基础之上的，因此企业家要不断学习、总结经验、收集信息，确保可以作出正确的预测。

古语有云“不谋万世者，不足以谋一时”，意思是不用长远的眼光看待事情，就连当下的事情也做不好。因此，企业家一定要拥有超前思维，用敏锐的眼光和嗅觉发现机会，从而占据市场空白，在商战中成为强者。

（二）共赢思维：不要将竞争对手置于死地

在蒙牛总裁牛根生的办公室里有一张“竞争队友”战略分布图。对于为什么将竞争伙伴称之为“队友”而不是“对手”，牛根生是这样解释的：“竞争伙伴不能称之为对手，应该称之为竞争队友。以伊利为例，我们不希望伊利有问题，因为草原乳业是一块牌子，蒙牛、伊利各占一半。虽然我们都有各自的品牌，但我们还有一个共有品牌‘内蒙古草原牌’和‘呼和浩特市乳都牌’。伊利在上海A股表现好，我们在香港的红筹股也会表现好；反之亦然。蒙牛和伊利的目标是共同把草原乳业做大，因此蒙牛和伊利是休戚相关的。既然奔驰和宝马可以在德国并驾齐驱、风靡世界，百事可乐和可口可乐可以共同引领全球饮料市场，那么，伊利和蒙牛为什么不可以共生共荣、共同做大？”

这就是企业家的共赢思维。共赢思维，指的就是企业家在思考企业生存和发展问题时，不是考虑一家独大，而是利益各方共同发展、做大的思维模式。

在瞬息万变的市场环境中，哪一家企业可以自始至终独占鳌头、一家独大？没有，不是你方唱罢我登台，就是各领风骚三五年。因此，企业家与其将人力、物力、财力以及精力放在将竞争对手置于死地上，不如将人力、物力、财力以及精力放在将市场这块蛋糕做大上。这样虽然你的竞争对手会从中获得收益，但你获得的利益会更多，不仅可以获得自己该得的份额，还能将竞争对手变成真正的竞争队友，这对企业的生存与发展是极其有利的。正如牛根生说的那样：“对别人有利的，才是对自己有利的。”

然而，并不是所有的企业家都有共赢思维，一些企业家仍旧热衷于击垮竞争对手，追求一家独大的发展路径。没有了竞争对手的企业，对企业的发展真的有利吗？不妨先看看鳗鱼的故事。

日本北海道生产鳗鱼，由于鳗鱼味道鲜美，所以当地的渔民大多以捕捞鳗鱼为生。虽然鳗鱼很美味，但是它的生命力极其脆弱，被打捞上船以后，不久就会死亡。让渔民们不解的是，无论他们怎么做都无法维持鳗鱼的生命力，渔船到港后鳗鱼会全部没有气息，只有一名老渔民打捞的鳗鱼能活蹦乱跳。相比死亡的鳗鱼，鲜活的鳗鱼售价更高，所以没过几年，这位老渔民便成为当地的富豪。在老渔民临终的时候，终于将鳗鱼活蹦乱跳的秘密说了出来。原来，在每次出海打鱼之前，老渔民都会准备几条狗鱼——因为狗鱼是鳗鱼的天敌。当老渔民将鳗鱼捕捞上船后会立刻将狗鱼放到鳗鱼当中，数量处于明显劣势的狗鱼遇到有数量绝对优势的鳗鱼后，由于受到惊吓会四处逃窜，这样一来，整仓的鳗鱼都会被激活。

鳗鱼失去了对手，便会变得死气沉沉；有了对手，便会被激发斗志和活力。动物尚且如此，何况一个人、一家企业。一个人如果没有了对手，便会变得懒惰，失去前进的动力，最终变得碌碌无为；一家企业如果没有对手，便会安于现状，最终被替代、被淘汰。所以，企业家与其费尽心机将竞争对手置于死地，不妨转变一下思维方式，从零和博弈思维转变成共赢思维。

那么，如何完成思维方式的变革和升级，养成共赢思维方式的习惯呢？

第一，培养“我很好，你也是”的思想理念。美国心理学家托马斯·哈里斯将人分成四种类型：①我不好，你好；②我不好，你不好；③我好，你不好；④我很好，你也是。市场竞争中，企业家在思考企业生存与发展问题时，普遍从“①我不好，你好”或者“③我好，你不好”角度出发，即用“输一赢”或者“单赢”的思维思考问题，无论是哪种思维方式都是将自己的成功建立在别人的失败之上。而“④我很好，你也是”是一种成熟的共赢思维，即在竞争中合作，谋求共同的利益，共同抢占市场、做大、做强。因此，企业家变革思维，培养共赢思维方式习惯时，需要摒弃“①我不好，你好”“③我好，你不好”的思维理念，要经常从“④我很好，你也是”利己利人的角度思考问题。

第二，尊重差异，能够换位思考。虽然同为企业家，从属同一个行业，但是每个企业家有自己独特的工作方式和生活习惯，每个企业有自己特有的组织模式和发展方式，因此企业家在培养共赢思维方式习惯时，要尊重差异、能够换位思考，学会包容，共同成长。

第三，适当妥协。妥协并不意味着失败，很多时候一时的妥协是为了韬光养晦，谋求更大的发展。

我国近代著名“红顶商人”胡雪岩曾说过：“市面要撑得大，没有人照应，赤手空拳，天大的本事也无用。”这段话既提醒了没有共赢思维的人，又启发了有共赢思维的企业家。

新时代的企业家想要占据更大的市场份额，便一定要完成思维的变革和升级，树立“我很好，你也是”的共赢思维，而不是用“单赢”的思维期望一家独大。

（三）整合思维：有机组合企业内外部资源

“整合思维”是由加拿大成功学家、商业思想家罗杰·马丁提出的。通过对五十多位成功企业家的访谈，罗杰·马丁发现企业家有一个共同的特征，那就是具备整合思维能力，即在面对两种完全冲突的观点时，企业家既不会感到慌张，也不会简单地进行非此即彼“二选一”的取舍，而是开辟第三条路径，用一种全新的既将前两种观点的冲突之处进行融合，又优于前两种观点的观点将问题解决。

北京心力源源电子有限公司（以下简称“心力源源”）便将整合思维运用到了极致。心力源源的前身是北京富达中天电子有限公司，它是摩托罗拉在中国最早的总代理商，基本90%的摩托罗拉汽车电话都是由北京富达中天电子

有限公司代理。

2002年，北京心力源源电子有限公司遇到了销售难题。为了将汽车、手机尽快销售出去，北京心力源源电子有限公司运用整合思维开展了一场“赠送车载电话”营销活动。活动的规则是：凡是拥有汽车的个人或单位都可以从心力源源免费获得一部摩托罗拉汽车电话，且为了保障车主的权益，心力源源会和车主签订一份赠送协议。具体做法是北京心力源源电子有限公司会提前与平安保险公司签订一份保险代理合同，当心力源源向车主赠送电话后，心力源源会要求车主按照所签订的赠送协议中规定的那样从平安保险公司购买车险，而心力源源则从车主缴纳的汽车保险金中抽取8%的返利。因为车主仍是按照正常的交费标准进行车辆投保，且心力源源仅把投保期限设置为两年。两年期满，汽车电话的产权将会全权归车主所有，因此营销活动进行得如火如荼。一年后，数据显示，心力源源2002年的“免费”赠送金额高达1.4亿元人民币。

2002年享誉世界的“整合营销传播之父”唐·舒尔茨来到中国，对于心力源源开展的营销活动，他曾赞誉道：“心力源源的活动，是目前我所看到的最有趣的中国整合营销传播案例。在这个案例中，消费者得到了满足，而且没有付出额外代价；保险商得到了稳定和高价值的客户；代理商得到了合理的佣金；心力源源获得了市场、品牌和资金回报。形成了一个良性的闭环财务系统，没有资源的浪费。这就是整合的力量。”

这不仅是整合的力量，更是整合思维的力量，它不同于传统的思维方式，它指引企业家在面临问题时，不用退而求其次，不用选择一方以牺牲另一方为代价，而是可以另辟蹊径，进行创造性思考，最终提出一个更好的方案将棘手的问题解决。整合思维可以让企业家通过有机组合企业内外部资源的方式，推出一个新的企业发展方案或者商业模式，最终达到双方或多方共赢的目的。

企业家运用整合思维得到的结果既然是双赢或者多赢，必然会为企业的生存与发展带来各种便利。

第一，可以降低企业成本。企业家运用整合思维对企业内外部资源进行有机组合，可以让企业更有效地对已有的资源进行利用的同时，还能够降低企业的投资成本和生产成本。

第二，可以提高销售业绩。企业家运用整合思维可以将企业上下游资源进行整合，即通过和上游供应商、下游客户的合作，让企业的生产效率提高，生产周期缩短，销售业绩增加。

第三，可以增加企业的品牌竞争力。当企业的内外部资源被有机组合在一起、互相合作时，为了取得多赢，所有利益相关方会集中精力和力量进行宣传和推广。在强大的宣传和推广过程中，企业的品牌竞争力和知名度自然会得到质的飞跃。

第四，可以提高客户的忠诚度和黏性。客户忠诚度和黏性是企业占据市场份额的关键因素，而当企业家运用整合思维对企业内外部资源进行有机组合时，不仅在无形中将用户群体范围进行了扩大，还能够为客户提供更加完整的消费服务，从而提高客户的满意度、忠诚度以及黏性。

既然整合思维对企业的生存与发展如此重要，企业家应该如何培养整合思维的习惯，避免作出“简单的二选一”的决策呢？

第一，企业家要对整合思维有一个全面、系统的了解，知道什么是整合思维。

第二，在作出决策前，企业家一定要尽可能地将所有因素都考虑到，哪怕看起来不起眼，却与决策息息相关的潜在关键因素也要考虑到。只有这样，企业家才能更加全面地看待问题。

第三，在进行决策时，企业家要理解问题的因果关系，然后从整体出发，进行综合考虑，进而提出创新性方案，而不是将问题化整为零，采取逐一击破的方式依次解决。

第四，企业家将提出的创新性方案与最初的“简单的二选一”的决策进行对比，了解整合思维和传统思维的差距，增加自己对整合思维重要性的认知。

如此反复练习和强化，企业家必定可以用整合思维思考问题、作出决策，养成有机组合企业内外部资源的习惯，也可以带领企业走得越来越远。

（四）危机思维：生于忧患，死于安乐

在商业世界中，每个企业都会经历起伏不定的时期，面临各种挑战和危机。在这个竞争激烈的时代，企业家需要具备危机思维的能力，因为危机思维是企业持续成长和成功的关键。

“死于安乐”四个字深刻地反映了企业成功的关键因素。企业不应该因为曾经的辉煌或短暂的成功而自满，也不能因为暂时的平稳而停止前进。相反地，企业家需要时刻保持对潜在挑战的警觉，并秉持危机思维，无论何时何地都要如此。

在企业生命周期的各个阶段，面临各种问题和挑战是不可避免的。有些问题可能是外部环境变化引发的，如市场波动、竞争加剧或技术革命；还有一些问题可能源自企业内部，如组织问题、战略失误或领导层认识不一致等。危机思维的核心在于，企业不应该将这些问题视为终结，而是将其看作成长和创新的机会。

当企业陷入舒适区时，最大的威胁可能就是自满。自满会导致企业组织失去竞争力，忽视市场的变化和客户的需求。企业家和管理者可能因为一段时间的成功而停止创新，将更多的时间用于保持现状，而不是迎接新的挑战。

然而，危机思维要求企业始终保持谦逊，知道成功永远不是最终目标。成功只是一个阶段，企业家和管理者们需要不断追求更高的目标。当然，这并不是说要时时担忧和焦虑，而是要保持警觉，时刻准备好应对变化和挑战。

危机思维也强调了变革的必要性。企业要保持竞争力，必须不断进化和改进。这可能包括重新评估战略、优化业务流程、推陈出新的产品或服务，以及吸纳新的人才。在这一过程中，企业家和管理者需要坚持创新，积极寻找提高效率和增加价值的途径。

危机思维是一种文化，也是一种积极应对挑战的态度。它鼓励企业永不停止学习和改进，时刻保持灵活性和适应能力。成功的企业家知道，危机不可避免，但也是成长和创新的催化剂。只有将危机思维融入企业DNA，企业才能够在竞争激烈的商业世界脱颖而出，并迈向更加光明的未来。因此，危机思维正是“生于忧患，死于安乐”的生动体现。

这一理念在许多企业的实际经历中得到了充分体现。

2000年年初，诺基亚是全球手机市场的领袖。然而，随着智能手机的兴起，诺基亚未能适时调整战略，导致市场份额大幅下降。这一危机促使诺基亚进行了深刻的变革，转向网络设备和基础设施领域发展，以适应新的市场趋势。虽然在手机市场失去了地位，但这一危机思维的改变使诺基亚在其他领域重新焕发生机。

IBM曾是计算机硬件制造业的巨头，但在20世纪90年代，随着硬件市场饱和，IBM面临着巨大的挑战。于是，公司决定进行战略性的转型，将重心从硬件转向服务和方案提供商。这一决策使IBM得以在市场上重新崭露头角，成为全球领先的信息技术服务公司之一。IBM的成功是因为他们敢于改变自己，以适应新的市场局势。

这些案例突出了危机思维的重要性。企业家和管理者需要时刻保持警觉，认识到市场和行业的不断变化，并适时调整战略以适应新的挑战。只有秉持危机思维，企业才能在竞争激烈的商业环境中生存和成长。

危机思维是一种特殊的思考方式，具有深刻的特征，这些特征使企业家

和管理者能够在面对挑战和危机时表现出色。以下是危机思维的关键特征。

第一，前瞻性。危机思维者不仅仅关注眼前的问题，他们具备超前的洞察力，能够预测未来可能出现的挑战。他们会主动寻找行业趋势、市场动态和新兴竞争对手的动向，以便提前做好准备。这种前瞻性使他们能够在问题发生之前采取预防措施，减少潜在的风险。

第二，创新性。危机思维者不满足于传统的解决方案，他们寻求创新的方法来应对困难。他们鼓励团队思考不同寻常的解决方案，涵盖产品、服务、市场营销、技术等各个方面。这种创新性思维使他们能够打造独特的价值主张，将自己与竞争对手区分开来。

第三，灵活性。危机思维者具备高度的灵活性，能够快速适应变化的环境。他们不会固守过去的成功模式，而是愿意灵活调整策略，以应对新兴挑战。这种灵活性让他们能够更好地适应市场的波动、客户的需求变化以及竞争的激烈程度。

第四，战略性。危机思维者不仅仅关注问题的表面现象，还具备战略眼光，能够深入分析问题的根本原因。这使他们能够制定长远的规划，不只是应付眼前的危机，还为实现可持续发展做好准备。他们了解问题的本质，因此能够提出更加综合和有效的解决方案。

第五，协作性。危机思维通常需要团队协作。危机往往涉及多个方面，需要不同领域的专业知识和技能。危机思维者能够激发团队的创造力和协作精神，促使团队成员共同克服困难。他们善于倾听团队成员的意见和建议，鼓励多元化的观点，以获得最佳的解决方案。

总之，危机思维是一种综合性的思维方式，不仅有助于解决问题，还能够在竞争激烈的商业环境中实现持续成长。这种思维方式使企业能够更好地适应不断变化的环境，不断进化和改进，从而保持竞争力并迈向更加光明的未来。因此，危机思维的特征——前瞻性、创新性、灵活性、战略性和协作性，是成功企业家和管理者的关键素质。

危机思维的实践是确保企业在不断变化的商业环境中保持竞争力的关键。以下五个步骤，可以帮助企业家和管理者将危机思维付诸实践。

第一，建立早期警报系统。企业应该积极监测市场和行业的趋势，建立一个早期警报系统，以便及时发现问题的迹象。这可以包括定期的市场研究、竞争对手分析以及与客户的密切互动。通过了解市场的变化，企业可以更早地作出反应，降低潜在的危机影响。

第二，鼓励创新文化。培养组织内的创新文化是危机思维的重要组成部分。企业应该鼓励员工提出新的想法和解决方案，鼓励尝试新方法。创新文化可以通过奖励创新、提供培训和支持创新项目等方式来建立和维护。

第三，定期战略审查。企业应该进行定期的战略审查，以确保企业的战略与市场环境保持一致，并能够适应变化。这包括评估当前的战略目标、市场定位和竞争策略。如果市场条件发生变化，企业需要调整战略以适应新的情况。

第四，建立危机应对团队。为了更有效地处理危机，企业可以组建一个专门的危机应对团队。这个团队应该由具有危机管理经验的专业人员组成，他们可以负责协调应对措施、通信策略和资源分配。成立专门的团队可以确保在危机发生时迅速行动，降低潜在的风险。

第五，持续学习和反思。企业家和管理者应该保持持续学习和反思的态度。他们应该不断地从危机中汲取经验教训，并将这些经验教训应用到未来的决策中。持续学习意味着不断提升自己的知识和技能，以适应不断变化的环境。

在竞争激烈的商业世界中，危机思维是确保企业持续成功的关键。企业通过建立早期警报系统、鼓励创新文化、定期战略审查、建立危机应对团队以及持续学习和反思，可以更好地应对挑战，发现机会，并保持竞争力。在危机思维的指导下，企业才能够不断调整战略布局，更好地应对市场的变化，不断发展壮大。

三、价值型战略设计与实施

（一）打破规模化成长的惯性思维

在现代商业世界，企业的规模化成长一直被视为成功的关键之一。传统上，许多企业都将规模扩大视为唯一的成功路径，努力增加产能、扩展市场份额，并寻求更高的销售额。然而，随着市场的不断演变、科技的迅猛发展以及消费者需求的多样化，这种传统的惯性思维，在今天的商业环境中已经显得不再适用，企业要想求得发展，必须更具创新性和灵活性。

本节将深入探讨打破规模化成长的惯性思维对于企业的重要性。

第一，美国亚马逊：颠覆零售的力量。

亚马逊是一个标志性的案例，展示了如何打破传统的零售模式。这家公司并没有局限于传统的线下零售，而是大胆探索了在线零售的新领域。通过引入Prime会员服务、云计算业务和无人机配送等创新，亚马逊颠覆了零售行业的惯性思维，不仅改变了消费者的购物习惯，还扭转了竞争格局。

1.Prime会员服务。亚马逊的Prime会员服务是一项革命性的举措。它不仅提供了免费快速送货，还提供了亚马逊Prime视频、Prime阅读等多项福利。这一服务吸引了数百万用户，使亚马逊能够建立起庞大的忠实客户群体。这项创新不仅为亚马逊增加了销售额，还带来了可观的订阅收入。

2.云计算业务。亚马逊Web Services（AWS）是亚马逊的另一项成功创新。AWS提供了各种云计算服务，包括存储、数据库、人工智能和分析等。这个业务领域的扩展不仅让亚马逊增加了收入来源，还带动其他企业加速了创新和技术变革。

3.无人机配送。亚马逊一直在研发无人机配送技术，这将彻底改变快递

和物流行业。这一举措不仅提高了配送速度，还减少了运营成本。亚马逊的这种前瞻性思维和大胆尝试，迫使其他零售商也加快自己的技术升级和创新步伐。

亚马逊的成功案例充分说明，颠覆传统的惯性思维并不是不可能的任务，关键在敢于尝试新的方法、技术和业务模式，以适应不断变化的市场。这不仅需要创新，还需要管理者的远见卓识和坚定决心。亚马逊的成功，展示了通过持续创新，不断打破规模化生长的惯性思维，才能真正实现企业升级。

第二，Facebook（脸书）：社交媒体的崛起。

Facebook（脸书）是社交媒体领域的典型案例。它不仅连接了全球数十亿的用户，还为广告商提供了精准的广告投放平台。脸书的商业模式创新改变了广告行业的常规做法，将传统广告媒体转变为数字化广告生态系统。

1.精准广告定位。Facebook（脸书）通过深入了解用户的兴趣、行为和喜好，构建了精准的用户画像。这使广告商能够将广告仅投放给最有可能感兴趣的受众，提高广告的点击率和转化率。这种定位的精准性为广告商带来了更高的投资回报率（ROI），也让用户更多地看到他们感兴趣的广告内容，实现了“双赢”。

2.创新广告形式。Facebook（脸书）不断创新广告形式，如视频广告、滑动画廊广告、动态广告等。这些广告形式更具吸引力，能够在用户的时间线上脱颖而出，增加了用户与广告互动的可能性。Facebook（脸书）还为企业提供了创建品牌内容和故事的机会，从而更深入地吸引受众，建立品牌忠诚度。

3.数据驱动决策。Facebook（脸书）的广告平台不仅提供广告效果数据，还提供了广告洞察和分析工具。广告商可以根据这些数据进行实时决策，优化广告投放策略。这种数据驱动的方法让广告商能够更精确地了解广告活动的表现，迅速作出改进，提高广告效果。

Facebook（脸书）的成功说明：社交媒体不仅仅是沟通和社交的平台，

还是商业创新的摇篮。通过深度洞察用户需求、持续创新广告形式、提供数据分析工具等手段，Facebook（脸书）成功地将社交媒体平台转化为一个盈利丰厚的广告生态系统。这一创新性的商业模式改变了传统广告行业的常态，强调了数字化时代的广告策略必须与用户需求和数据密切结合，为企业带来了更广阔的市场和商机。

第三，Apple（苹果）公司：从产品走向生态系统。

苹果公司的成功案例是一个硬件公司转变为拥有庞大生态系统企业的典型。苹果不再仅仅是一家生产电子产品的公司，而是一个涵盖了硬件、操作系统、应用程序、数字内容和服务的庞大生态系统。这一转变为公司带来了持续的成功，并改变了消费者的生活方式。

1.整合硬件和软件。苹果的成功开始于其对硬件和软件的垂直整合。公司自主研发了iOS操作系统，使其与iPhone、iPad和Mac等硬件完美匹配。这种整合不仅提高了产品的性能和用户体验，还为苹果创造了强大的品牌忠诚度。

2.建立App Store生态系统。苹果的App Store是全球最大的应用企业之一，为开发者提供了一个赚钱和推广应用的平台。这一生态系统不仅促进了应用程序的创新和开发，还为苹果带来了数十亿美元的收入。用户也因为拥有数百万款应用而更愿意选择使用苹果设备。

3.数字内容和服务。苹果进一步扩展了其生态系统，通过iTunes和Apple Music提供数字音乐、电影、电视节目和云存储服务。这些服务为用户提供了全方位的数字体验，同时也为公司带来了可观的收入。

4.跨足新领域。苹果进一步扩展了其生态系统，推出了Apple Watch、Apple TV和HomePod等新硬件产品，将其生态系统拓展到了智能手表、家庭娱乐和智能家居领域。这些产品的推出使苹果在不断扩大的技术市场中保持了竞争力。

5.用户体验至上。苹果的成功部分原因在于其一贯强调用户体验。公司

注重产品设计、界面友好性和顾客服务，这让用户愿意为苹果的产品和服务买单。

苹果的案例说明，从产品走向生态系统可以为企业带来持续的成功。企业通过整合硬件、软件、应用程序、数字内容和服务，可以为消费者提供全方位的体验，同时创造多个收入来源。这种生态系统的构建虽然需要时间和投资，但它可以让企业在竞争激烈的市场中站稳脚跟，并持续满足用户需求。对于其他企业来说，学习如何构建和拓展生态系统可能是一个成功的关键因素。

第四，华为：技术创新与全球化。

华为是我国一家杰出的企业，其成功不仅在于技术创新，还在于全球化战略的实施。华为在电信设备和5G技术领域的领先地位以及在全球市场的扩张，为其他公司提供了参考。

1.技术创新的引领。华为一直致力于在通信技术领域取得创新性的突破。公司在5G技术的研发和部署方面走在全球前列，这一成就不仅在技术上有所体现，还在市场份额上得到了证明。华为的技术创新不仅推动了通信行业的发展，也将中国科技企业推向了国际舞台的中心，颠覆了人们的传统认知。

2.全球化战略的实施。华为的成功还得益于其全球化战略的积极推动。公司将重点放在国际市场的拓展上，不仅在发展中国家取得了成功，还在发达国家站稳了脚跟。华为的全球化战略帮助其更好地满足全球客户的需求，提高了产品和服务的国际竞争力。

3.影响全球市场。华为的成功不仅仅是中国企业的光荣，也在全球范围内引起了广泛的关注。它展示了中国公司可以在全球市场竞争，并取得成功。华为的全球化战略和技术创新，特别是在5G领域，改变了通信行业的游戏规则，加速了全球数字化的发展。

华为的案例告诉我们，技术创新和全球化战略可以共同推动企业的成功。在当今全球化的商业环境中，跨足国际市场并在技术创新方面处于领先地位

是取得成功的关键。华为的经验表明，中国企业可以通过不断创新、积极扩大和提供高质量的产品和服务，在国际市场上获得巨大的竞争优势。

这些国际知名企业的成功案例展示了如何成功地打破规模化生长的惯性思维。它们敢于挑战传统，不断创新，实现了战略转型和商业模式创新，从而在激烈的市场竞争中脱颖而出。这些经验不仅为企业高管和决策者提供了启示，也引发了更广泛的辩论：在现代商业环境中，是应该坚守传统规模化生长，还是应该勇敢追求商业模式的变革？

事实上，这个问题可能没有一种适合所有情况的答案。保持传统规模化生长在某些情况下仍然有效，尤其是对于一些成熟行业或市场份额较小的企业。然而，对于许多企业来说，勇于变革和创新商业模式可能是实现长期成功的关键。尤其是在数字化时代，市场变化迅猛，新技术不断涌现，消费者需求不断演进，企业必须灵活应对这些变化。

在探索和思考中，企业可以找到最适合自己的道路。关键在于深入了解自身业务、行业和市场，以及时刻保持警觉，不断寻找创新和战略转型的机会。同时，与时俱进地学习和适应新技术、新趋势也是至关重要的。企业应该根据自身的情况，制定灵活的战略，随时准备迎接变化，并勇于挑战那些看似不可逾越的惯性思维。

（二）以价值为企业生存和发展导向

企业的生存和发展一直是商业领域的核心议题。然而，在竞争激烈、市场变化飞快的现代商业环境中，传统的经营模式和商业理念面临着前所未有的挑战。越来越多的企业高管和决策者开始认识到，以价值为导向的经营方式不仅是企业生存的必要条件，还是实现战略转型和商业模式创新的关键。

从亚马逊到苹果，从谷歌到华为，众多国际知名企业都已经在以价值为

导向的经营理念下实现了令人瞩目的成功。这些企业不再仅仅是产品或服务的提供者，而是深入地理解客户需求和市场动态的倡导者。他们重新审视自身在市场中的定位，明确核心竞争优势，并找到满足客户需求的独特方式。在这个过程中，企业积极推动创新，不断改进技术和管理，以确保他们在市场中保持竞争力。

第一，重塑企业定位。重塑企业定位是以价值为导向的企业转型过程中的关键一步。它包括以下四个方面的内容。

1.深入市场洞察。以价值为导向的企业要深入理解市场和客户需求。除了做好市场调查和数据分析之外，还要与客户密切互动并收集客户的反馈。这种深入的市场洞察能帮助企业更好地理解客户的需求、问题和期望，从而为其提供更有价值的产品和服务。

苹果公司通过对用户行为的深入研究，了解到用户更关注用户体验和设计美感。这一洞察帮助他们设计出更直观、更美观的产品，既满足了用户的需求，也在市场中树立了自己的独特定位。

2.明确核心竞争优势。企业需要清晰地识别自己的核心竞争优势，即在市场中相对于竞争对手的独特优势，如产品特性、服务质量、创新能力等方面的优势。明确了核心竞争优势后，企业可以更有针对性地满足客户需求，同时也能更好地管理资源和风险。

3.独特价值主张。企业需要建立自己的独特价值主张，即向客户传达为什么选择他们的产品或服务。这需要将核心竞争优势以清晰、有吸引力的方式传达给客户。独特价值主张让客户明白，选择这个企业意味着获得了独特的好处。

4.市场定位策略。企业需要制定明确的市场定位策略，即在市场中找到自己的定位和角色。这可能包括选择目标市场、定价策略、营销渠道等方面的决策。市场定位策略需要与企业的核心竞争优势和独特价值主张相一致。

以价值为导向的企业将客户价值放在首位，从而在激烈的市场竞争中脱

颖而出，并实现可持续发展。这一理念不仅适用于大型国际企业，也可以指导中小企业在市场中找到自己的定位和机会。

第二，推动创新与不断改进。推动创新与不断改进是以价值为导向的企业文化中的一个核心要素，它有助于企业保持竞争力并满足客户需求。它主要体现在以下四个方面。

1.鼓励员工提出新想法。以价值为导向的企业鼓励员工积极参与创新过程。这样的企业，让员工乐于分享自己的新想法和建议，而不必担心批评或惩罚。这鼓励了员工参与创新，因为他们知道自己的声音能被听到，也能受到重视。

2.不断改进产品和服务。以价值为导向的企业不满足于一成不变的产品和服务。他们积极寻求客户反馈，并不断改进现有产品和服务。这种不断地迭代和改进帮助企业保持竞争力，确保他们的产品和服务始终符合市场需求。

3.推陈出新的产品和服务。以价值为导向的企业不仅仅改进现有产品，还积极寻求新的产品和服务机会。他们鼓励创新团队寻找新的市场机会，开发新的产品或服务，以满足客户新的需求。

4.技术创新和数字化转型。以价值为导向的企业通常积极投资于技术创新和数字化转型。他们认识到，新技术和数字化工具可以提高效率、改进客户体验并开创新的市场机会。这种投资有助于企业保持竞争力，并在行业中处于领先地位。

微软通过云计算服务Azure的发展，成功地将自己从传统的桌面操作系统提供商转变为云计算巨头之一。数字化转型帮助他们在云计算市场上取得了竞争优势。

以价值为导向的企业通过鼓励创新、持续改进和数字化转型，能够更好地适应市场的不断变化，并更好地满足客户的需求。这种创新精神是他们成功的关键，也是他们在竞争激烈的商业环境中脱颖而出的原因。

第三，追求可持续发展。追求可持续发展是以价值为导向的企业在现代

商业环境中的一项重要承诺。它主要表现在以下三个方面。

1.社会责任和可持续性。以价值为导向的企业认识到，社会责任和可持续性不仅仅是道德问题，也是商业成功的关键。他们积极采取措施，以降低对环境的影响、改善社会福祉并满足消费者越来越重视的社会责任需求。这些措施包括减少废物和污染、支持公益事业、改善员工福利等。

例如，耐克公司积极致力于减少运动鞋和服装的生产对环境的影响。他们推出了可持续材料的运动装备，如使用回收塑料制成的运动鞋。这种可持续性举措不仅有助于保护环境，还满足了越来越多消费者对可持续时尚的需求。

2.创新的可持续性实践。以价值为导向的企业经常通过创新来实施可持续性实践。他们积极寻找新的方法来降低碳足迹、减少浪费和提高资源效率。这些创新通常能带来长期的节省和环境效益。

特斯拉公司致力于推动电动汽车的普及，减少传统汽车对环境的污染。他们还利用太阳能和电池储能技术，建立可再生能源的生态系统。这种可持续性创新不仅改善了环境，还为公司带来了商业上的优势。

3.满足消费者需求。以价值为导向的企业了解到，越来越多的消费者对社会和环境问题高度关注。因此，满足这些需求已经成为一个竞争优势。这些企业积极响应，通过提供可持续的产品和服务，赢得了消费者的信任和忠诚。

联合利华是一个注重可持续性的企业，他们承诺减少使用塑料包装，支持农民的可持续农业实践，并致力于改善全球卫生状况。这种可持续性承诺帮助他们在市场上赢得了消费者的支持。

追求可持续发展已经成为以价值为导向的企业文化的一部分，这不仅有助于保护地球，还有助于满足社会和消费者的需求。这种可持续性实践不仅为企业带来了商业上的优势，还为下一代创造了更美好的未来。

第四，面临的挑战。以价值为导向的经营方式并不是没有争议的。有人

认为，过度关注价值可能导致短期利润下降，甚至可能影响企业的竞争力。因此，企业高管和决策者需要在追求价值和维持盈利之间找到平衡点，制定长期可持续的战略。

1.短期利润与长期可持续性的平衡。一些批评者担心，过度关注价值和可持续性可能会牺牲短期利润。在某些情况下，采取可持续性措施可能需要大量的投资，这可能会在短期内对企业的财务表现产生不利影响。企业高管和决策者需要认真权衡短期和长期目标之间的关系，制定战略，以确保平衡。

2.市场和股东压力。部分股东和市场对短期利润和股价表现非常关注，这可能会对以价值为导向的经营方式产生压力。企业领导层需要处理来自股东和市场的期望，同时努力传达长期可持续性战略的价值。这需要一定的沟通和教育工作，以确保投资者理解并支持企业的长期愿景。

3.监管和法规。许多国家和地区正在加强对企业可持续性实践的监管。这可能导致企业面临更多监管压力，需要更多的资源用于报告和监控可持续性指标。企业需要积极适应这些法规变化，确保其经营方式符合法律要求。

4.供应链和社会责任。以价值为导向的企业往往要求供应链中的伙伴也采取可持续性措施。这可能会引发供应链管理的挑战，因为不同的供应商可能具有不同的可持续性标准和能力。企业需要积极与供应商合作，推动整个供应链向更好的方向发展。

5.创新和竞争。一些人担心，过度强调可持续性可能会妨碍企业的创新和竞争力。他们担心企业可能会陷入保守的经营方式，不愿冒险尝试新的商业模式或技术。因此，企业需要找到方法来平衡可持续性和创新二者的关系，以确保它们保持竞争力。

以价值为导向的经营方式虽然有许多好处，但也面临一些挑战和争议。企业高管和决策者需要审慎权衡不同利益，制定综合考虑短期和长期目标的战略，以确保企业能够在竞争激烈的市场中持续成功。这也需要与股东、监管机构、供应商和其他利益相关者密切合作，以实现可持续性的共同目标。

这一经营方式不仅能够帮助企业在竞争激烈的市场中生存，还能够实现战略转型和商业模式创新，为企业带来长期的成功。对于企业高管和决策者来说，理解和采纳以价值为导向的经营方式可能是实现可持续发展和长期竞争力的关键。

（三）为客户创造价值

在传统商业模式中，企业的成功主要以短期的财务表现为标志，如盈利和市值。然而，随着市场的不断演变和竞争的不断加剧，企业逐渐认识到，仅仅专注于短期利润无法维持长期的生存和发展。因此，很多企业管理者认为。那些能够满足客户需求、提供有意义的产品和服务，并在客户与企业之间建立持久关系的企业，才能被定义为成功企业。

第一，客户至上的经营哲学。实现这种新型商业成功的核心是客户至上的经营哲学。这意味着企业需要将客户置于经营决策的中心位置。它要求企业不能仅仅提供产品或服务，还需要深入了解客户的需求、期望和痛点。企业必须积极倾听客户的声音，不断改进自己的产品和服务以满足客户的独特需求。这一客户至上的理念成为众多国际知名企业的成功之道。

1.建立深刻的客户洞察。客户至上的经营哲学要求企业建立深刻的客户洞察。这意味着不仅要了解客户的表面需求，还要挖掘他们背后的动机和价值观。企业需要积极与客户互动，听取他们的反馈，并与他们建立真正的合作关系。亚马逊的“顾客至上”理念并不仅仅停留在口号上，他们通过积极收集和分析客户数据，了解客户的购物习惯和兴趣，以此来推荐个性化产品，提高购物体验，从而实现了客户满意度的提升和销售额的增加。

2.持续关注客户反馈。客户至上的企业不仅在初次接触客户时关注他们，还在整个客户旅程中持续关注客户反馈。这包括对产品和服务的评价，以及

客户的建议和投诉。通过积极倾听客户的声音，企业可以及时发现问题并作出改进，从而提高客户忠诚度。苹果公司就以其对客户反馈的高度重视而闻名，他们通过客户反馈不断改进其产品和操作系统，使其更符合客户需求，增加了客户满意度和品牌忠诚度。

3.定制化产品和服务。客户至上的企业致力于提供定制化的产品和服务，以满足客户的个性需求。这可能包括定制化的产品选项、个性化的建议，或是根据客户的反馈调整服务。例如，耐克通过其“Nike ID”定制化运动鞋的服务，允许客户按照自己的风格和需求来设计鞋子，从而提高了客户满意度和忠诚度。这种个性化的方法不仅创造了更好的客户体验，还增加了客户与品牌的情感连接。

4.建立客户信任。客户至上的经营理念还要求企业建立客户信任。这意味着要提供高质量的产品和诚实透明的服务。客户需要相信企业会履行承诺，不会在质量或价格上出尔反尔。互联网巨头谷歌通过保护用户数据隐私、提供准确的搜索结果和广告诚实性，赢得了用户的信任。这种信任不仅提高了用户使用谷歌的频率，还提高了品牌的声誉。

5.建立长期关系。客户至上的经营理念旨在建立长期的关系。企业不仅要满足客户的当前需求，还要与他们建立持久的合作关系。这种关系不仅能够带来持续的销售和业务，还可以通过口碑传播带来更多的客户。星巴克通过其忠诚度计划和优惠券等活动，成功地建立了与客户的长期互动关系，使客户不仅仅成为顾客，还成为品牌的忠实拥趸。

客户至上不仅仅是一种策略，更是一种企业文化的体现。它要求企业将客户置于一切经营活动的核心，深入了解他们的需求并不断努力为他们创造价值。通过建立深刻的客户洞察、持续关注客户反馈、提供定制化产品和服务、建立客户信任和长期关系，企业可以实现真正的客户至上，并在竞争激烈的市场中脱颖而出。这不仅仅是商业成功的关键，也是实现可持续增长和长期竞争力的关键。

第二，以客户为导向的创新。为客户创造价值的关键是不断创新。企业需要以客户的需求为基础，积极地寻找创新的机会，以提供更好、更智能、更高效的解决方案。这可以通过引入新技术、优化流程或重新设计产品来实现。例如，特斯拉作为电动汽车制造商，通过不断改进电池技术、提高自动驾驶功能，以及扩展充电网络，实现了以客户为导向的创新。这种创新不仅改善了客户的出行体验，还为特斯拉赢得了更多的市场份额和更高的客户忠诚度。

以客户为导向的创新在数字化时代变得更加重要。企业需要拥抱数字化转型，利用先进的技术来满足客户需求。亚马逊的云计算服务（AWS）就是一个以客户为导向的数字化创新的杰出例子。AWS允许企业在云计算上构建应用程序，根据实际需求弹性扩展计算资源，从而提高了效率并降低了成本。这种创新不仅使亚马逊成为云计算领域的管理者，还使客户能够更轻松地运行其业务。

1.数据驱动决策。以客户为导向的创新还需要数据驱动的决策。企业需要积极收集和分析客户数据，以了解其需求和行为。谷歌广告的成功就部分归因于其数据驱动的广告定位和投放策略。通过分析用户的搜索历史和兴趣，谷歌能够向用户呈现更紧密相关的广告内容，提高广告的点击率和转化率。这种数据驱动的方法不仅为广告客户带来更高的投资回报率，还为用户提供了更有价值的广告体验。

2.开放创新与合作。开放创新与合作也是以客户为导向的创新的关键要素。企业不必独自承担所有创新的压力，而是可以与其他公司、初创企业或研究机构合作，共同寻找解决方案。IBM的“合作伙伴生态系统”就是一个成功的案例，它与各种组织合作，共同推动创新。这种开放的方法扩大了创新的范围，使客户能够受益于更广泛的创新。

3.持续改进和反馈循环。以客户为导向的创新不是一次性的事情，而是一个持续的过程。企业需要建立反馈循环，积极收集客户反馈，并将其用于

不断改进产品和服务。这可以通过客户调查、用户测试和在线反馈工具来实现。苹果通过不断更新其操作系统和应用程序，响应用户的反馈和需求，提供更好的产品体验。这种持续改进的方法有助于企业保持竞争力，能够满足客户不断变化的需求。

以客户为导向的创新是实现价值创造的关键。它要求企业积极寻找创新机会，拥抱数字化转型，借助数据驱动决策，开放创新合作，并建立持续的改进和反馈循环。这种创新不仅可以提高客户满意度，还可以带来商业成功和竞争优势。总之，在竞争激烈的市场中，以客户为导向的创新是企业不可或缺的战略。

第三，个性化体验与客户忠诚度。在竞争激烈的市场中，个性化体验已经成为吸引和保留客户的关键。客户希望感受到企业对他们的独特关注，而不是被视为一个普通消费者。企业如亚马逊、网飞和谷歌等通过个性化推荐、建议和服务，成功地提高了客户的忠诚度。这些企业了解客户的兴趣和行为，根据个体需求提供相关的产品和内容，从而提高了客户的满意度，并促使他们与企业保持长期关系。

1.数据驱动个性化体验。实现个性化体验的关键在于数据。企业需要收集、分析和利用大数据来了解客户。通过跟踪客户的行为，如购买历史、浏览习惯和搜索记录，企业可以建立客户画像，从而更好地理解他们的需求和喜好。例如，亚马逊使用先进的算法来分析客户的购物习惯，然后根据这些数据为他们提供个性化的产品建议。这种数据驱动的个性化体验不仅提高了客户满意度，还提高了交易转化率。

2.智能技术的运用。人工智能和机器学习技术在实现个性化体验方面发挥了重要作用。智能技术可以自动对客户数据进行分析，识别并预测客户的需求。网飞就使用了这些技术来推荐电影和电视节目。他们的算法根据用户以往的观看历史和评分，为每位用户提供独特的推荐列表。这种个性化的推荐不仅提高了用户的满意度，还延长了他们在平台上的停留时间。

3.主动沟通与反馈。为了提供个性化体验，企业还需要与客户进行积极的沟通，并收集他们的反馈。通过了解客户的反应和意见，企业可以更好地调整其产品和服务。例如，社交媒体平台Facebook和Twitter通过用户的互动和反馈来改进其界面和功能，以满足不断变化的用户需求。这种与客户的互动有助于建立更紧密的关系，增加客户忠诚度。

4.数据隐私与透明度。要实现个性化体验，企业必须谨慎处理客户数据，并确保数据隐私。客户非常重视保护个人信息，企业需要明确告知客户如何使用他们的数据，并征得他们的同意。同时，企业也需要确保数据的安全性，以防止数据泄露和滥用。在数据隐私和透明度方面表现出色的企业更容易赢得客户的信任和支持。

5.不断改进和提高个性化体验的平台。为客户提供个性化体验，需要企业不断改进其技术和平台。技术和市场的变化使得个性化体验不断发展，因此企业要保持灵活性，以适应新的趋势和机会。例如，电商平台必须不断更新其搜索和推荐算法，以确保客户获得相关的产品建议。企业只有不断改进自己的服务，持续给予客户个性化的体验，才能保持客户的忠诚度和满意度。

个性化体验是建立客户忠诚度和提高企业竞争力的关键。通过数据驱动、智能技术运用、主动沟通与反馈、数据隐私与透明度以及不断提升服务，企业可以为客户提供独特、有价值的体验，从而巩固他们的忠诚度，实现可持续的成功。在当今竞争激烈的市场中，个性化体验已经成为企业不容忽视的关键要素。

第四，社会责任与可持续性。现代消费者越来越关注企业的社会责任和可持续性实践。因此，企业必须承担起社会责任，采取可持续的商业实践，以满足消费者的期望。例如，星巴克通过采购可持续的咖啡豆、减少塑料使用、支持农民社区等举措，成功地树立了正面形象，吸引了更多支持可持续性的客户。

1.可持续供应链。实施可持续性实践的关键之一是建立可持续供应链。

企业需要确保其产品和原材料的生产不会对环境造成不可逆的影响。例如，食品和饮料行业的企业如联合利华公司，积极采取措施确保其产品的原材料来自可持续的农场和供应商。这不仅有助于保护生态系统，还提高了产品的质量和可持续性。

2.节能和资源管理。企业还应该关注能源效率和资源管理。通过减少能源消耗和资源浪费，企业可以降低其对环境的影响。苹果公司是一个以节能和资源管理著称的企业。他们不仅在生产过程中采用可再生能源，还致力于减少产品的碳足迹，例如，推出了可回收材料制成的产品外壳。这种可持续实践提高了企业的声誉，同时也吸引了关注环保的客户。

3.社区参与和慈善活动。除了环保实践，企业还可以通过社区参与和慈善活动来履行社会责任。比如，企业可以通过支持当地社区项目、给慈善机构捐款或提供志愿者服务，积极参与社会发展。谷歌是一家积极参与社区和慈善活动的企业，该企业通过Google.org支持全球各种慈善项目，包括教育、公共卫生和环境保护。社会责任实践有助于树立企业的良好声誉，并赢得客户的尊重。

4.透明度和报告。企业在社会责任和可持续性实践方面的透明度也非常重要。客户希望知道他们支持的企业在这方面的表现。因此，企业应该定期发布社会责任和可持续性报告，详细说明其实践和成就。这种透明度不仅与客户建立了信任，还能鼓励其他企业效仿，将推动整个行业向更可持续的方向发展。

社会责任和可持续性实践已经成为企业成功的不可或缺的组成部分。通过建立可持续供应链、节能和资源管理、社区参与和慈善活动，以及透明度和报告，企业不仅可以履行其社会责任，还能为客户创造额外的价值。这种可持续性实践不仅有助于企业在市场中保持竞争力，还有助于保护我们的环境和社会，为未来的可持续发展打下坚实基础。在客户越来越注重社会责任的今天，企业应该将勇担社会责任融入其战略和企业文化，以满足市场需求

并实现长期成功。

为客户创造价值已经成为现代商业的关键趋势。这一经营方式不仅有助于企业在竞争激烈的市场中生存，还有助于实现可持续发展和长期竞争力。企业应该将这一理念融入其战略和文化，积极倾听客户的声音，不断创新和改进，以满足市场需求并实现长期成功。

（四）提高企业市场价值

在当今竞争激烈和不断变化的商业环境中，企业的市场价值变得至关重要。高管和决策层必须超越传统的营利观念，深思如何不断提高企业在市场中的竞争力和吸引力，探讨提高企业市场价值的关键策略，并通过一系列国际知名企业的案例，深入剖析这些策略的实际应用。

格力集团成立于1991年，在面对国内外家电品牌竞争如此激烈的情况下，其净利润一直远超行业平均水平，得益于“以客户为中心”的市场价值导向，形成了自主创新为中心的供应、生产、销售一体化价值链。随着消费者对高端家电消费需求的增加，中高端家电市场缺口越来越大，因此格力电器提出“科技改变生活，科技创造生活”的理念，加大科研投入的同时，掌握了核心技术，降低了生产成本，实现了智能家居市场占有份额的扩大。同时，格力电器还积极开拓三四线城市市场发展空间，通过网络销售和下沉线下销售渠道等方式，满足了三四线城市居民对家电产品更高品质的追求。而且，格力也改变了以空调为主的产品策略，加大了各种小型家电的研发与投入，优化了自身产品结构，以客户需求为导向，生产出了豆浆机、空气炸锅、吸尘器等小型家电产品，积极开拓新的市场。

1994年的海底捞还只是刚刚在重庆开业的小型火锅店，但是近几年却以

“服务至上，顾客体验至上”的经营理念，迅速成长为国际知名餐饮企业。海底捞的成功离不开不断地创新，尤其是通过抖音、微博、微信等平台，不断宣传自己的创新菜式和不同食材以及不同调味料的创新搭配，给客户以新颖的用餐体验。同时，海底捞还特别注重服务，从等待、点菜、用餐以及环境、卫生、售后服务等各个方面来提升消费者用餐体验。与此同时，海底捞也注重员工的培训与提升，制定了岗位技能培训与团建，尤其在晋升机制与福利待遇方面给予员工更大的成长空间与更强的归属感、安全感。因此，海底捞才能“从上到下”全员配合，真正做到以客户满意度为中心，不断推陈出新，打造了独特的品牌形象与口碑传播，赢得顾客支持，进一步扩大了品牌的影响力。

创新需要在企业文化中得到充分的承认和支持。管理团队必须鼓励员工提出新想法，并提供资源和机会来实施这些创新。通过建立鼓励创新的文化，企业可以激发员工的创造力，推动创新不断涌现。同时，合作伙伴、初创企业和研究机构都可能提供新的创新机会。比如，谷歌就是一个以开放创新为核心的企业，通过与初创企业合作、开源软件项目以及支持开发者社区，不断推动着技术的发展，从而提高了自身的市场价值。

另外，创新还需要持续地投入研发和技术升级。这不仅包括改进现有产品和服务，还包括探索新的市场机会和技术趋势。例如，特斯拉就通过不断改进电池技术、自动驾驶功能以及扩展充电网络，实现了以客户为导向的创新，提高了市场价值。

除此之外，创新还需要与市场需求紧密结合。企业应该深入了解客户需求和趋势，以确保他们的创新能够切实解决市场问题，提供有价值的解决方案。通过积极倾听客户的声音，企业可以更好地理解市场动态，引领行业发展。

总之，创新是提高市场价值不可或缺的要素。企业需要在文化、合作伙

伴关系、研发和市场洞察方面投入精力，以实现持续地创新。只有不断超越传统界限，勇于探索新领域，企业才能在竞争激烈的市场中取得成功。

当然，在追求提高市场价值的道路上，企业将面临各种挑战。理解并应对这些挑战是企业高管和决策者必须面对的任务之一。

第一，资金压力是提高企业市场价值时常见的挑战。企业可能需要大量资金来支持创新、扩大市场份额或进行市场推广。这可能会导致财务压力，特别是对于初创企业或中小型企业而言。在这种情况下，企业需要精心策划资金运营、寻找投资者或合作伙伴，以摆脱资金压力。

第二，激烈的市场竞争是提高市场价值面临的重要挑战。实现市场价值增长的关键，是与竞争对手保持差异。企业需要不断提高竞争力，通过创新、卓越的产品和服务以及差异化战略在市场竞争中脱颖而出。

第三，技术和市场趋势的不断演变也是一个挑战。新技术的涌现和市场偏好的变化可能会迅速改变市场格局。企业需要保持敏捷性，不断适应这些变化，并考虑如何整合新技术和趋势以提高市场价值。

激烈的市场竞争为企业的生存和发展带来了一系列挑战，但是挑战往往也伴随着机遇。挑战迫使企业更加重视提高自身的实力，更加迫切地提高市场价值，更加重视企业的可持续发展。

提高企业的市场价值需要深刻了解客户需求、不断创新、提供个性化体验以及承担社会责任。这些因素相互交织，塑造了企业在市场中的地位和价值。在竞争激烈的商业环境中，企业高管和决策者必须认真考虑这些策略和实践，以确保企业能够持续发展并保持竞争力。

PART 2

全面提升企业灵活性的能动型战略

一、企业家能力变革与升级

（一）优秀企业家必备的机会识别能力

对于企业家而言，机会是比金钱更宝贵的财富，因为只要抓住了机会，便抓住了获得更多财富的可能，便抓住了获得成功的绝佳时机，所以当“机会女神”来到面前的时候，企业家一定不要犹豫，要主动出击、干脆利落地将其抓住。正如马云说的那样：“没有人会直接给你荣华富贵，只有送你机会和平台，现在这个时代什么都不缺，缺的只有像鹰一样的眼光，像狼一样的精神，像熊一样的胆量，像豹一样的速度。只要你讲诚信、懂感恩，成功一定属于你！平台、商机、机遇抓住就是你人生的财富。”机会从不等待一切犹豫者、观望者、懈怠者、软弱者，只有与历史同步伐，与时代共命运的人，才能赢得光明的未来！

在准备创业的时候，康拉德·希尔顿手里只有5 000美元，对于该怎么创业、如何创业他丝毫没有头绪。康拉德·希尔顿的母亲给他支招：“要放大船，必须先找到水深的地方。”

谨记母亲的忠告，带着仅有的5 000美元积蓄，32岁的康拉德·希尔顿在1919年只身来到了得克萨斯州的一个名叫锡斯科的小镇。在这里康拉德·希尔顿发现了一家正在出售的银行，他欣喜若狂，当即决定买下它完成自己年少时的梦想。历经几轮谈判，在最后准备完成交易时，由于卖家出尔反尔、临时加价，康拉德·希尔顿不得不放弃购买。

夜幕降临，康拉德·希尔顿带着满腔的怒火，来到了一家名叫莫比利的旅店准备投宿。然而，他一走进旅店就发现门厅挤满了人，过了好久他才挤到

前台。可是准备办理住宿的时候，却被服务员告知客满了。

康拉德·希尔顿刚要发火，一名面色铁青的先生便开始整理门厅，驱赶客人："麻烦请快点离开，8个小时以后你们再来，或许那个时候会有空闲的床位，毕竟我们的旅店是一天二十四小时营业，且做三轮生意。"原来，这个小镇因为发现了石油，所以聚集了大量前来淘金的人。

康拉德·希尔顿感觉这是一个不能错过的商机，他问道："您是这家旅店的老板吗？"对方回答道："是的。我在这里待够了，根本赚不到钱还失去了自由，还不如去挖石油！"康拉德·希尔顿佯装镇定，努力掩饰自己内心的狂喜，他淡淡地问道："听您话里话外的意思，是打算卖掉这家旅店吗？""是的，只要有人愿意出5万美元给我，今天晚上我就可以签订售卖合同，让他成为这家旅店的老板，甚至我自己睡的床也可以送给他。"

康拉德·希尔顿当即表示了要购买的意愿，在查看了旅店账簿之后，他更坚定了要购买的决心。经过一番讨价还价后，康拉德·希尔顿最终将价格从5万美元降到了4万美元。一周后交易完成，他第一时间给母亲发了一封电报，电报的内容是："新世界已经找到，此处水阔港深，第一艘船已在锡斯科启航。"从此，康拉德·希尔顿便踏上了经营旅店的旅程。

机会是最公正无私的，但又是稍纵即逝的，需要企业管理者用"像鹰一样的眼光，像狼一样的精神"发现它，并"像熊一样的胆量，像豹一样的速度"抓住它，这样方能获得更大的成功和更大的事业。正是因为发现并抓住了机会，所以康拉德·希尔顿取得了成功，建造了他的旅店帝国。

那么，怎样培养识别机会的能力呢？不妨做好以下三点。

第一，提前做好准备、深耕自己。美国哈佛大学的校训是：时刻准备着，当机会来临时你就成功了。企业家要提前做好准备、深耕自己，努力提升自己的眼界、心性、知识储备量等，这样日复一日地努力，总能够得到想要的东西，成就不一样的人生。

第二，留意社会变化，根据社会变化识别机会。时代在变，社会在变，企业家要注意收集市场信息、留意社会事物的变化，带着发现机会的意识，对出现在眼前的变化作出正确的判断，然后“稳、准、狠”地出手抓住它。

第三，从问题中发现机会。问题、困难是把“双刃剑”，既是企业家发展壮大的拦路虎，也是企业家走向更大成功的跳板。所以，当问题、困难出现的时候不要悲观和急躁，要逐一分析和解决问题。分析问题的过程就是寻找、识别、找到、抓住新机会的过程。

成功的路径有很多，成功的方式也多种多样，只要企业家能够识别并抓住机会，便抓住了新的人生财富。

（二）善于总结经验教训

孔子言：“吾日三省吾身。”反省的过程就是总结经验教训的过程，通过总结经验教训来不断提升自己。

企业家也要善于总结经验教训，因为时刻反省和复盘，才能不断提升自己的管理能力，带领企业更加稳妥地发展。

总结经验教训可以促使企业家成长与提升。企业家总结经验教训，就是对自己的工作情况进行复盘，进而发现自己工作的不足之处，然后想办法进行解决，从而提高自己的工作效率和管理水平。达·芬奇曾说：“我的事业诞生于简单而纯正的经验之中。这种经验是真正的老师。”

总结经验教训可以让企业家少走弯路。无论人们做什么事情都会得到一种无形报酬，这种报酬就是经验或者教训。企业家也不例外。经验、教训这种报酬是极具价值的，它可以让企业家在面临困境时不再畏惧，可以让企业家在面临危机时更好地控制自己的情绪，可以让企业家更快识别和解决问题，能够让企业家更好地应对挑战和机遇，能够让企业更有效地完成工作任务，

能够让企业家给出更全面的指导和建议…… 这些极具价值的经验都会成为企业家的助力。

海尔创始人张瑞敏曾说过这样一段话:“所有成功的企业必须有非常强烈的企业文化,用这个企业文化把所有人凝聚在一起。上百年的企业,不知道有多少东西都变化了,唯独它的企业精神百年不变,这非常能够说明问题。因此,企业文化就是企业精神,企业精神就是企业灵魂,而这个灵魂如果是永远不衰、永远常青的,企业就永远存在。”

红星电器公司由于经营不善被划归海尔集团时,很多人都替张瑞敏捏了一把汗。张瑞敏却表现得异常冷静,凭借着多年经营管理集团的经验,很快便给出了解决问题的方法。他说道:“红星的失败,不是少技术,也不是少资金,更不是员工不好,关键是管理不到位,职工凝聚力差,缺乏将现有生产要素有效组合的灵魂。而海尔员工、干部有共同认可的价值观,形成了海尔文化。因此,我们当前的紧迫工作就是将海尔文化输入红星。只要思想认识统一了,一切都好办。文化是企业的灵魂,无形资产可盘活有形资产,红星必然重生。”

随后“文化先行”的文化兼并管理方案开始正式实施。结果是成功的,三个月后,企业扭亏为盈,之后海尔洗衣机更是成功坐上了全球洗衣机第一品牌、全球第一制造商的位置。

总结经验可以让企业家扬长避短,分析教训可以让企业家不在同一个地方摔倒两次。所以,企业家一定要具备善于总结经验教训的能力。如果企业家这方面的能力欠佳,可以尝试通过以下四个步骤进行培养。

第一,注意观察。总结是建立在观察的基础上,只有通过观察才能发现问题从而总结经验和教训。因此,在日常工作中,企业家需要仔细观察项目进度、工作流程、完成效果等情况。

第二，及时记录。企业家要将观察到的项目进度、工作流程、完成效果等状况及时记录，作为日后总结的依据。

第三，收集反馈信息。很多时候员工的意见也是极其宝贵、有用的，因为企业家可以从员工中肯的评价和意见中看到自己的不足之处，所以企业家可以向员工收集反馈信息，进而作出更全面的总结。

第四，深入思考。对记录的信息和收集的反馈信息进行汇总和整理，思考哪些问题是今后需要注意的，哪些信息是对今后的工作有益处的，然后对发现的问题进行分析，对有用的信息进行研究，将分析、研究的结果总结成经验教训，用来指引之后的工作。

总之，企业家要善于总结经验教训，并将其运用到管理企业的过程中，才能带领企业做大做强。

（三）引领并促进企业的全方位创新

《孙子兵法·虚实篇》中有言："凡先处战地而待敌者佚，后处战地而趋战者劳。"意思是说，但凡先到达作战地点，等待敌人到来的人，便可以抢占先机、以逸待劳、争取主动；而后到达作战地点的人，只能受制于前者、处于被动。

在这个科学技术更新迭代速度越来越快的时代，企业要想发展、壮大，就必须成为那个"最先达到作战地点的人"，换言之，企业必须抢占先机才能得到发展。靠什么抢占先机？世界著名管理专家詹姆斯·莫尔斯这样说道："可持续竞争的唯一优势来自超过竞争对手的创新能力。"也就是说，企业家必须具备创新的能力才能抢占先机，从而引领企业取得进步，让企业得到发展。

首先，通过创新企业可以提高市场竞争力。在激烈的市场竞争中，消费

者是企业一切经营活动的核心，企业通过不断创新，不断推出新的产品、新的技术和新的服务，可以满足消费者的需求和欲望，从而增加客户的满意度、忠诚度以及黏性，进而占领更多的市场份额和赢得更高的利润。

其次，通过创新可以增强企业的核心竞争力。在全球化、信息化、网络化态势发展迅猛的时代，企业要想在激烈的市场竞争中不被淘汰，甚至立于不败之地，必须具有强大的核心竞争力。而创新能够帮助企业开发独一无二的技术、产品和服务，这种独一无二可以让企业在激烈的市场竞争中抢占先机、脱颖而出，从而提高竞争优势。

事实证明，企业家正在步入或者正处于一个只有创新才能引领企业发展的时代。

随着移动互联网的发展，人们对即时通信有了更多的需求，为了给人们提供一种简单、方便、快捷的沟通方式，马化腾创建了微信，之后不断对微信进行创新和改进，从最初的在线聊天功能，逐渐增加了朋友圈、公众号、小程序、视频号、直播等多种功能。由于深知科技创新的重要性，该企业时刻关注市场动态，在对用户的需求和市场空白进行精准预测后，不断进行技术创新、产品功能优化等，经过不懈地努力和布局，最终成为中国互联网产业的领军企业之一。

随着科学技术的发展，消费者对移动设备的技术有了更高的要求，对移动设备也有了更大需求，于是苹果公司不断对技术、产品线进行创新升级。正因为不断创新，苹果公司才能在激烈的市场竞争中占据优势，具有极高的市场竞争力。

随着新能源汽车市场的快速增长，特斯拉通过革命性的创新，开发出自动驾驶技术、电池管理系统、V3超级充电桩、OTA技术等一系列领先的技术、产品和服务，成为全球最具影响力的新能源汽车公司之一。

奥地利经济学家约瑟夫·熊彼特说："创新应当是企业家的主要特征，企业家不是投机商，也不是只知道赚钱、存钱的守财奴，而应该是一个大胆创

新、敢于冒险、善于开拓的创造型人才。”所以，为了抢占先机、促进企业发展壮大，企业家必须具备引领并促进企业全方位创新的能力。

那么，企业家应该如何培养创新能力呢？

第一，要对事物有好奇心。好奇心是创新的基础，好奇心会激发企业家探索新事物的欲望，激发企业家的灵感和想象力，所以当发生某些事情时，不妨多问几句为什么，如“为什么会发生这样的事情”“是什么原因导致了问题的出现”“这件事情背后暗藏着什么机遇”“怎么做才能抓住这次机遇”等。

第二，持续学习。想要创新就要不断学习新技能和知识，因为学习的技能越多，储备的知识越全面，越能拓宽企业家的思维和视野。

第三，换个角度思考问题。任何事物都有两面性，既面临着挑战，又暗藏着机遇，所以当事物发生的时候，企业家与其因循守旧，不妨换个角度看待问题，你或许会得出不一样的结论，然后发现另一种风景。

创新就如逆水行舟，不进则退，因此，企业家要解放思想，引领和促进企业全方位创新。

（四）有效构建和管理利益相关方关系

在竞争激烈的商业环境中，企业不再仅仅是营利机构，也扮演着更广泛、更复杂的角色，需要与各种利益相关方建立强大的关系网络。也就是说，企业家需要有效构建和管理利益相关方关系，以确保企业在不断变化的商业景观中蓬勃发展。

现代企业必须考虑更广泛的利益相关方，包括员工、供应商、社区等。了解各种利益相关方的需求、期望和关切是成功构建关系的第一步。

在当今复杂多变的商业环境中，企业所涉及的利益相关方群体变得越来越多元化。传统企业主要关注股东和客户这两个利益相关方，虽然目前这两

个群体仍然至关重要，但随着社会和商业的变革，新的利益相关方逐渐浮出水面。

第一，建立富有创新力和承诺的员工文化。员工是企业的核心，他们的忠诚、满意度和激情直接影响到企业的绩效和长期成功。许多企业已经认识到，建立一支富有创新力和承诺的员工队伍对于取得竞争优势至关重要。以下是需要进一步探讨的方面。

1.开放的沟通渠道。现代企业正在采取开放的沟通策略，鼓励员工分享意见、反馈和创意。这些渠道可以包括员工反馈平台、在线论坛、定期会议和虚拟协作工具。谷歌的20％时间政策就是一个鼓励员工提出创意并投入创新项目的例子。

2.员工培训和发展。提供员工培训和职业发展机会是吸引和留住高素质员工的关键。知名企业如亚马逊和微软都投入大量资源用于员工培训，以帮助他们不断提升技能，适应快速变化的技术和市场需求。

3.工作生活平衡。企业越来越关注员工的工作生活平衡，认识到满足员工的需求有助于提高工作效率和员工满意度。

第二，构建可持续供应链。供应商不再仅仅被视为交易的一部分，而是作为整个供应链的一部分，与企业的成功密切相关。

企业家应该更关注供应链的可持续性，包括原材料的可持续采购、能源效率和减少废物。苹果公司通过与供应商合作，致力于减少碳足迹和使用可再生能源，以减轻环境影响。

同时，企业要确保供应商符合道德和社会责任标准。例如，耐克（Nike）采取了行动来改善其供应商工厂的工作条件，并确保员工获得合理的工资和工作环境。

第三，构建更紧密的社区关系。企业总部所在地的社区是其成功的一部分，因此企业越来越关注社区的社会和环境影响。以下是值得进一步考虑的方面。

1.社区投资。企业可以通过投资社区项目和慈善事业来建立更紧密的关系。微软通过其“亚洲未来之星”计划，在全球范围内支持教育和科技项目，以改善社区的生活质量。

2.环保举措。企业可以采取环保举措，减少其对社区环境的负面影响。例如，可口可乐公司已经承诺到2030年将所有包装换成100％可回收和可再生的材料。

第四，建立跨文化敏感性。文化差异是构建和管理利益相关方关系时需要特别注意的一个方面。企业家必须认识到不同文化、价值观和期望可能导致误解和冲突。解决这一挑战的关键在于建立跨文化敏感性，企业可以采取以下措施。

1.跨文化培训。为员工提供跨文化培训，帮助他们更好地理解不同文化的观点和行为模式。这有助于减少误解和文化冲突。

2.多元化团队。构建多元化团队，包括来自不同文化背景的成员。多元化团队可以提供不同角度的意见，有助于企业更好地理解和尊重文化差异。

3.文化审查。在与新的利益相关方合作之前，进行文化审查以了解他们的文化和价值观。这有助于企业更好地适应和回应不同文化的需求。

第五，有效化解权力争夺。在利益相关方之间存在权力争夺是常见的，特别是在资源分配和决策制定方面。解决这一挑战需要建立透明的决策流程，并确保权力分配是公平的。以下是解决方法。

1.透明决策流程。确保决策过程对所有利益相关方都是透明的，让他们了解决策是如何制定的，以及如何参与其中。

2.公平权力分配。在资源分配和决策制定中，确保权力分配是公平的，不偏袒任何一方。这需要建立明确的准则和标准。

3.协商解决争端。当不同利益相关方之间存在争端时，鼓励他们进行协商和谈判，以找到共同的解决方案。企业可以充当中立的调解者，促进争端的解决。

第六，持续技术演进。快速发展的数字化和技术可能会改变利益相关方的期望和需求。企业需要跟上技术变革，以满足各方的要求，同时保护数据隐私和安全。以下是解决方法。

1.数字化战略。制定数字化战略，确保企业能够适应技术的快速演进。这包括采用新的技术工具和平台，以提高运营效率。

2.数据隐私和安全。确保在采用新技术时，保护利益相关方的数据隐私和信息安全。企业需要建立严格的数据隐私政策和安全措施。

3.教育和培训。培训员工，使他们能够有效地利用新技术，并理解技术对企业和利益相关方的影响。这有助于减少技术引发的沟通障碍。

通过采取这些解决方法，企业家可以更好地应对利益相关方中的各种挑战，建立更强大、更持久的关系，同时实现商业成功和社会价值。

二、企业战略转型不可不知的四件事

（一）企业战略转型失败的两大原因

企业战略转型，是每个企业在不同发展阶段都需要面对的挑战。然而，尽管战略转型的潜力巨大，但许多企业在实施过程中遭遇了失败和挫折。本节将深入探讨造成企业战略转型失败的两大主要原因。

第一大原因：缺乏明确的愿景和领导力。

在许多企业的战略转型中，最常见的失败因素是缺乏明确的愿景和领导力。企业高管和决策层通常需要在战略转型中担任领导角色，明确未来的方向，并将整个组织团结在一个共同的愿景下。然而，很多企业在这一点上出现了问题。

1.缺乏明确的愿景。明确的愿景是企业成功转型的基石。它不仅告诉员工和利益相关者未来的方向，还为决策提供了一个坚实的指导框架，能帮助组织明晰目标、规划战略，并集中精力实现愿景。缺乏明确的愿景就好比企业试图在没有地图的情况下穿越未知的领域，最终可能陷入困境，失去前进的动力和方向。

在智能手机兴起之前，摩托罗拉曾经是手机市场的领先者之一。然而，他们在战略愿景方面的缺失导致了巨大的挫折。他们试图推出一系列不同的手机型号，却缺乏统一的战略愿景，导致市场份额急剧流失，品牌形象逐渐黯淡。

没有清晰的方向，企业可能会陷入无休止的试错，导致资源分散，最终无法应对竞争的挑战。因此，企业高管和决策层必须始终注重制定和沟通明确的愿景，确保整个组织都朝着共同的目标努力前进。这个愿景不仅是一个愿望，更是一项引领企业前进的计划，它为战略转型提供了坚实的基础，帮助企业克服挑战，实现长期成功。

2.领导力的缺失。在战略转型中，领导力是至关重要的一环。企业家不仅需要制定战略，还需要在组织内激发员工的信心，鼓励他们为共同的目标而努力。缺乏领导力将使企业陷入一种无法适应变化、无法应对竞争挑战的境地，也无法有效地推动组织向前发展。

多年来，诺基亚在手机市场一直是领先者，但在智能手机时代的转型中却遭遇了重大困难。公司的领导层未能明确制定出战略愿景，也未能适应市场飞速变化的步伐。这导致了决策的迟疑和市场份额的丧失，最终几乎使诺基亚退出了智能手机市场。

成功的企业战略转型始于一个清晰的愿景，这个愿景必须能够启发并激发组织内外的人，让他们共同前进。此外，管理者必须具备远见和坚定不移的领导力，能够引导团队克服困难，实施战略，并不断适应变化的环境。只有这样，企业才能在战略转型中取得成功，保持竞争力，持续创新并实现可持续增长。

第二大原因：抵制和文化不兼容。

企业文化是一个组织中的核心元素，它可以推动或阻碍战略转型的成功。当企业试图实施战略变革时，往往会出现来自组织内部的抵制和文化不兼容的问题。这两个因素相互交织，使战略转型变得更加复杂和困难。

1.抵制战略变革。抵制战略变革通常源于员工对变革的不确定感和担忧。在面对战略转型时，员工可能心存多种担忧，这些担忧可以根据个体和情境而异，但通常包括以下四个方面。

（1）失业风险。员工可能担心战略变革导致岗位裁减或重组，从而威胁到他们的工作和经济稳定。这种不确定性会引发担忧和恐慌，使员工对变革产生抵触情绪。

（2）工作负担增加。新的战略和工作方式可能会引入新的任务和责任，员

工担心自己将承受更大的工作负荷，而无法平衡工作和生活。

(3) 职业发展受挫。员工可能认为战略变革会影响他们的职业发展机会，他们担心，新的组织结构和职责分配可能使他们失去晋升和提升薪资的机会，从而陷入职业瓶颈。

(4) 文化冲突。变革通常伴随着文化的变化，员工可能感到新的文化与他们习惯的文化不一致，这种文化冲突可能导致员工的不满和抵制。

为了应对员工的抵制，企业需要采取积极的变革管理措施。这包括以下三点。

(1) 沟通和透明度。向员工清晰地传达战略转型的目标、计划和影响，以减轻他们的不确定感。

(2) 培训和发展。为员工提供培训和发展机会，以帮助他们适应新的工作方式和技能需求。

(3) 参与和反馈。鼓励员工参与变革过程，听取他们的反馈和建议，使他们感到自己的声音被重视。

通过积极的变革管理，企业可以减轻员工的担忧，建立更好的合作关系，推动战略转型的顺利实施。这也强调了在战略转型中管理人员需要充分考虑员工的需求和情感，以确保整个组织能够朝着共同的目标前进。

2.文化不兼容。文化不兼容是战略转型中一个常见且具有挑战性的问题。企业文化代表了组织的价值观、信仰、行为准则和工作方式，它在组织内部根深蒂固，往往需要时间和努力来调整和改变。当企业尝试实施新的战略时，新的战略方向可能与现有文化相冲突，导致文化不兼容问题。

这种不兼容性可能表现为以下情况。

(1) 价值观不一致。新战略的价值观可能与组织现有的价值观不匹配。员工可能会感到困惑，因为他们需要适应新的行为准则和期望，这可能与他们过去的工作经验和习惯不符。

(2) 抵制文化变革。组织中的一部分员工可能对文化变革抱有抵制情绪，

他们可能担心失去已有的文化特征或担忧新文化不适合他们。

(3) 管理层的示范不足。如果领导层未能积极地示范新文化的行为和价值观，员工可能会对文化变革产生怀疑，认为领导层并不认真对待这一变革。

亚马逊提供了一个例子，显示了文化不兼容的挑战和应对方式。亚马逊在进入云计算市场时，需要将传统零售文化转变为更加创新和灵活的云计算文化。这一过程包括重新定义公司的核心价值观、鼓励创新、承认失败等，并建立一种更加敏捷的工作方式。然而，这种文化变革并不是一蹴而就的，需要领导层的积极推动和员工的参与。

为了克服文化不兼容，企业需要采取以下措施。

(1) 明确文化愿景。管理层应该明确战略转型后所需的文化愿景，然后清晰地传达给员工，并强调与新战略的一致性。

(2) 文化培训。提供培训和教育，帮助员工理解新文化的重要性，并提供工具和资源，以便他们能够适应和采纳新的文化价值观。

(3) 示范领导力。管理层应该以身作则，积极示范新文化的行为，鼓励员工效仿，并建立一种积极的文化变革氛围。

文化不兼容是企业战略转型失败的一个关键原因。克服这一挑战需要领导层坚定决心，逐步地进行文化调整和实施培训计划。只有当新文化与战略目标相一致，并得到组织内各个层面的支持时，战略转型才能够成功实施。

缺乏明确的愿景和领导力，以及抵制和文化不兼容，这两大原因常常相互影响，使得战略转型变得复杂且具有挑战性。为了成功实施战略转型，企业高管和决策层必须积极管理这些问题，通过变革管理、文化塑造和领导力发展等手段来应对挑战。只有这样，企业才能在竞争激烈的市场中实现长期成功和可持续增长。

（二）影响企业战略转型的三大因素

在不断变化的商业环境中，企业战略转型成为生存和持续增长的必然选择。然而，战略转型并非易事，它受到许多内外因素的影响。本节将探讨影响企业战略转型的三大关键因素。

1.技术创新和数字化转型。在数字时代，技术创新和数字化转型已经成为企业战略转型的关键驱动力。以下是一些不同领域的企业案例，它们通过积极采纳新技术和数字化战略来取得成功。

京东作为中国最大的在线零售商之一，通过建立强大的物流网络和智能供应链系统，实现了从传统零售到数字化零售的转型。他们的技术创新包括无人机和自动驾驶车辆的使用，以提高物流效率。

迪士尼以其经典动画和娱乐品牌而闻名，但他们也积极进行数字化转型。迪士尼推出了自己的流媒体服务“Disney+”，与网飞等竞争对手竞争。这一数字化战略使他们能够直接接触消费者，提供在线娱乐内容。

腾讯作为中国最大的互联网和科技公司之一，积极推动技术创新和数字化转型。他们不仅拥有社交媒体平台（如微信和QQ），还投资于云计算、人工智能和游戏开发。这使得腾讯成为多元化科技集团。

企业必须密切关注技术趋势，灵活调整战略，并不断改进组织文化，以确保技术创新的有效实施。成功的战略转型需要高层领导的承诺和组织内部的协作，以应对不断变化的市场和竞争压力。

2.全球化和市场竞争。全球化已经将企业带入了一个竞争更加激烈的环境中，这不仅需要企业在国际市场上与来自世界各地的竞争对手竞争，还需要应对地缘政治和贸易变化的风险。

众所周知，美国直指华为在技术领域对其国家安全构成了威胁，并提出严禁华为使用其关键性软件、芯片和技术性服务。然而华为并没有因此一蹶不振，而是把技术研发和创新放在了更显著的位置，并在2020年9月发布了搭载其自主研发麒麟9000芯片的全新手机Mate系列，这也用实际行动打破了美国企图在技术上实现封锁的目的。

为此，美国政府加大对华为的制裁，并打算阻止华为进军世界芯片、软件供应链的步伐。于2020年10月美国商务部发布全方位出口管制措施，特别提出对华为出口芯片要获得许可。这一制裁措施的推行波及了台积电、联发科，甚至欧洲、日本芯片企业，迫使这些企业必须在接受制裁和遵守美国商务部新措施之间作出抉择。

华为并没有被吓倒，而是继续推陈出新，赢得了全世界手机用户的信任和青睐，获得了更多的利益和发展机会。

成功的战略转型需要企业具备全球化意识，了解不同市场的需求和文化，同时也需要积极应对全球贸易和地缘政治的动荡。企业高管必须在全球范围内制定战略，并与国际团队密切合作，以确保在竞争激烈的全球市场中取得成功。

3.领导力和组织文化。领导力和组织文化在企业战略转型中起着至关重要的作用。

谷歌以其独特的文化和领导力而闻名，该公司成立初期就建立了“不作恶”的口号，这使得谷歌成为一个创新和员工参与度极高的企业。管理层的愿景和坚定决心推动了谷歌在搜索引擎、云计算和人工智能等领域的成功战略转型。

IBM是一家历史悠久的科技公司，一直注重领导力的培养和组织文化的调整。他们成功地从一家硬件制造商转型为一家提供云计算和人工智能解决

方案的企业。IBM的领导层在整个转型过程中提供了坚强的领导，同时也投资于培养员工的技能和适应新文化。

尤伯杯是一家颠覆性的科技公司，他们在出行领域引领了巨大的变革。然而，公司的管理层曾经面临领导力危机，这导致了一系列问题和负面新闻。尤伯杯的首席执行官（CEO）发生了多次更替，反映出管理层不稳定的情况。这一时期，公司也面临了文化问题，包括员工不满和管理困难等。最终，尤伯杯采取了措施来稳定管理层，并努力改善组织文化，以实现战略转型的成功。

明确的愿景和坚定的领导力可以激发员工的激情和才能，推动战略实施。如果领导层不稳定，或者组织文化与新战略不协调，战略转型可能会受到干扰。成功的企业战略转型需要建立一种积极的组织文化，以支持愿景的实现，并培养具备领导力的团队，以引领组织向前发展。

影响企业战略转型的三大因素交织在一起，决定了企业的成功与否。这些因素相互作用，共同塑造了战略转型的复杂景观。企业高管和决策层必须深刻理解这些因素，制定明智的战略，并随时适应不断变化的环境，以确保战略转型的成功。

只有那些具备远见、灵活适应、积极变革的企业，才能在竞争激烈的市场中脱颖而出。它们能够看到技术变革的机遇，积极适应全球市场的挑战，并塑造一种积极的组织文化，以吸引和保留最优秀的人才。在这个变革不断加速的时代，成功的企业将是那些能够在这三大因素之间找到平衡并不断前进的企业。它们将引领行业的未来，为持续的增长和创新创造可能性。

（三）做好企业战略转型的四大准备工作

当企业面临战略转型时，必须认真考虑并准备好面对各种挑战。战略转型是一项复杂的任务，它要求企业高管和决策层审慎规划和准备，以确保顺利过渡并实现成功。本节将详细地探讨如何做好企业战略转型的四大准备工作。

第一，确定明确的愿景和目标。确定明确的愿景和目标是企业成功战略转型的首要准备工作。这些愿景和目标不仅为员工提供了明确的方向，还可以作为企业衡量战略成功的标准。

亚马逊的愿景是成为“世界上最注重客户的公司”。这一明确的目标贯穿了公司的文化和运营方式。亚马逊始终以客户为中心，不断提高客户体验，推动着他们从一家在线书店转变为全球电子商务和云计算巨头。该公司不仅提供了广泛的产品和服务，还开发了创新的技术，如亚马逊云计算（AWS），为客户提供更多的价值。

南方公司是美国的一家能源公司，立志成为能源业的“领头羊”。南方公司通过多元化投资和可再生能源项目的推动，致力于实现清洁能源和可持续发展。他们的愿景帮助其在不断变化的能源市场中保持竞争力，并满足了社会对清洁能源的需求。

优衣库秉持“售卖所有人都能穿的休闲服”的使命愿景，因此其企业发展离不开客户的发掘和员工的发展以及企业自身不断升级。因此，优衣库为员工提供了更加明确的工作标准和轻松和谐的工作环境，让员工可以抛弃官僚主义和守旧观念，不断挑战自我，实现创新和效益增长，为企业成为国际休闲品牌贡献自己的力量。

明确的愿景和目标能为企业提供战略方向，激发员工的积极性，也能推

动企业的创新和发展。企业管理层要确保公司的愿景和目标与发展战略一致，并使其在整个公司中传播和实施。

第二，构建协作的管理团队。管理团队的协作和协调至关重要。为了构建协作的管理团队，企业需要采取一系列措施，以确保领导层能够紧密协作，共同推动战略转型的成功。

1.明确角色和职责。每位管理团队的成员都应该明确自己的角色和职责，以避免重叠和混淆。这可以通过明确的岗位描述和职责分工来实现。管理层应该知道自己在战略转型中的具体职责，并与团队成员进行透明的沟通，以确保各自的任务和目标都能够清晰理解。

2.促进跨部门协作。企业战略转型通常需要跨部门的合作和协调。管理团队应该积极鼓励不同部门之间的协作，建立有效的信息流和工作流程。企业管理者可以通过定期举行跨部门会议和工作坊，以促进跨职能团队的合作，确保战略目标得到全面支持。

3.培养领导力技能。协作的管理团队需要具备良好的领导力技能，包括沟通、团队建设、决策制定和解决冲突等方面的能力。管理层可以通过培训和发展计划来提高这些技能，以更好地引导团队，解决问题，并应对挑战。

4.制定共同愿景。管理团队应该共同制定战略转型的愿景和目标。这个愿景应该明确、激励人心，并能够引导整个组织朝着共同的方向前进。管理层应该确保愿景与企业的核心价值观和使命相一致，以便员工能够理解和认同。

5.建立信任和透明度。信任是协作的关键要素，管理层应该开放、诚实和透明，鼓励员工分享意见和反馈。透明度可以减少信息不对称，确保团队成员都能够获得必要的信息，从而更好地参与决策和执行。

6.激励团队。协作的管理团队需要具备激励员工的能力。这可以通过奖励和认可制度来实现，同时还需要建立一个积极的工作环境，激发员工的创新和动力。

通过采取这些策略和步骤，企业可以更好地构建协作的管理团队，为战略转型的成功打下坚实的基础。这个准备工作对于确保领导层能够紧密协作，共同推动战略的实施，从而实现企业的长期成功至关重要。

第三，了解市场和竞争环境。深入了解市场和竞争环境是企业成功战略转型的不可或缺的一步。这个过程涉及对外部因素的仔细分析，以便更好地预测未来趋势和调整企业的战略。以下是做好这方面准备工作的一些关键方面。

1.市场趋势分析。企业需要密切关注市场趋势，包括消费者需求、技术发展、政策法规变化等。这可以通过市场研究和竞争对手分析来实现。

2.竞争对手分析。了解竞争对手的战略和行动至关重要。企业需要了解竞争对手的优势和弱点，以制定针对性的战略。

3.消费者洞察。了解消费者需求和偏好对产品或服务的开发和营销至关重要。企业可以通过市场调研、消费者反馈和数据分析来获取有关消费者行为的信息。

4.全球市场机会。对于国际化企业来说，了解全球市场机会和风险至关重要。企业需要考虑不同国家和地区的文化、经济状况和法规，以制定全球化战略。

在市场和竞争环境方面的准备工作有助于企业更好地规划和实施战略转型。深刻理解外部环境，并将这些洞察融入战略规划，是企业成功的基础之一。

第四，建立变革文化和能力。战略转型所需的组织文化和能力变革是一项复杂而重要的任务，它需要企业深入思考和有针对性地采取措施，以确保战略的成功实施。

1.变革文化的重要性。企业需要培养一种积极的变革文化，这意味着员工愿意接受新的想法和方法，并鼓励创新。这种文化有助于打破陈规和促进积极变化。例如，特斯拉以其推动电动汽车革命的文化而闻名，该公司唯才

是用，鼓励员工打破常规，乐于挑战，致力于变革。

2.鼓励创新。战略转型需要创新，因此企业需要鼓励员工提出新的想法。这可以通过设立创新奖励计划、创新实验室或鼓励跨部门合作来实现。亚马逊通过鼓励小组间的创新竞赛，不断推动新产品和服务的开发。

3.培训和技能发展。为了适应新的战略，员工可能需要新的技能和知识。企业应该提供培训和发展计划，以确保员工具备必要的能力。微软是一个提供广泛培训的企业，他们帮助员工掌握新的技术，以适应云计算和人工智能领域的变化。

4.管理层的示范作用。管理层在变革文化和能力方面发挥着关键作用。他们应该积极参与变革，成为示范者，以激发员工的积极性。

5.度量和反馈。企业应该制定度量和反馈机制，以评估变革文化和能力的进展。这些度量标准可以包括员工满意度、创新提案数量、培训参与率等。通用电气采用了一套反馈工具，以持续改进他们的文化和表现。

在战略转型中，组织文化和能力变革是成功的关键因素之一。企业需要在员工中建立一种积极的变革文化，鼓励创新，提供必要的培训和资源，并由管理层发挥示范作用。通过这些措施，企业可以更好地适应新的战略，应对未来的挑战，实现长期的成功。

通过明确愿景和目标、建立协作的管理团队、了解市场和竞争环境，以及建立变革文化和能力，企业高管和决策层可以为战略转型的成功做好准备。这些步骤不仅可以减轻风险，还可以为企业提供实现可持续增长的机会。因此，在战略转型之前，企业管理者务必投入时间和精力将这些关键要素准备好。

（四）企业战略转型成功的五大核心要素

企业在不断变化的市场环境中，面临着巨大的竞争压力和不断变化的客户需求。为了在这个竞争激烈的环境中生存和繁荣，战略转型成为企业的一项重要任务。然而，成功的战略转型并非易事，需要仔细地规划和执行。本节将探讨企业战略转型成功的五大核心要素。

强有力的管理者。在战略转型中，强有力的管理者起着决定性的作用。这种管理者不仅要有清晰的愿景，还要有坚定的执行力。

福特汽车（Ford）：虽然福特公司在过去几十年中曾面临巨大的挑战，但它的首席执行官阿兰·穆拉利（Alan Mulally）的领导使公司成功实施了一次战略转型。穆拉利带领团队制定了“One Ford”的愿景，重新聚焦核心业务，加强了产品质量和全球一体化。这种坚定的领导推动了福特的业务复苏，并确保了公司的竞争力。

史蒂夫·乔布斯（Steve Jobs）作为苹果公司的创始人和管理者，他的坚定愿景和决心推动了公司从电脑制造商向全球科技创新巨头的转变。他的领导使苹果公司能够推出一系列创新产品，如iPhone和iPad，彻底改变了消费者的科技体验。

海尔集团从濒临倒闭的冰箱厂历经三十多年发展，成长为世界家喻户晓的家电品牌，离不开张瑞敏对管理模式的创新与升华。为了提升员工质量意识，张瑞敏怒砸76台冰箱，让“零质量缺陷”的生产观念深入落实到每一个生产销售环境，这才造就了海尔冰箱的知名品牌形象。

这种管理者能够为组织提供明确的方向，激发员工的信心，推动创新，并确保战略的成功执行。企业高管和决策层需要认识到领导力的重要性，并在选任管理者时优先考虑他们的愿景和执行力。

第二，深刻的市场洞察力。企业战略转型的成功不仅依赖于内部的决策和执行，还需要对外部市场和客户需求有深刻理解。拥有深刻的市场洞察力是企业能够制定精准战略的关键要素。

Netflix（美国奈飞公司，简称“网飞”）：网飞是一个在流媒体娱乐领域树立了标杆的企业。该企业的成功部分来自对观众观看行为的深刻洞察。网飞通过分析用户的观看历史、评分和偏好来推荐内容，从而提供了个性化的体验。这种深刻的市场洞察力让网飞能够更好地满足用户的需求，提供精准的内容推荐，从而提高用户忠诚度。

Procter & Gamble（宝洁）：宝洁是全球最大的日用消费品公司之一，他们在市场洞察方面也有着卓越表现。宝洁通过广泛的市场研究来了解不同市场的消费者需求，并调整产品和营销策略。这种深刻的市场洞察力使宝洁能够在全球范围内满足不同市场的需求，保持了其市场份额和竞争优势。

京东：通过大量调研和数据分析，京东发现农村消费者对优质正品仍存在巨大需求，只是在配送和购买渠道上存在诸多不便。为此，京东提出了“京东农村电商模式”，其核心优势在于建立专业的物流配送中心，全方位覆盖，保证了配送范围与速度，纵享与城市消费者同样的便捷购物体验。同时，京东还积极与当地农民合作，把新鲜、优质、特色的农产品打包成京东品牌，在增加了农民收入的同时，也创造了一种新的电商模式，实现了企业升级。

这些案例充分体现了深刻的市场洞察力在企业战略转型中的不可或缺性。市场洞察力不仅仅是企业成功的关键因素之一，更是其生存和繁荣的核心。

市场洞察力对企业的重要性还体现在以下五个方面。

1.指导战略制定。深刻的市场洞察力为企业提供了制定战略的关键信息。了解市场趋势、客户需求和竞争格局有助于企业明智地选择业务领域、目标受众和定位策略。这意味着企业可以避免投入资源到缺乏潜力的领域，而集

中精力在具有增长潜力的市场上。

2.提高客户满意度。深刻的市场洞察力有助于企业更好地理解客户的需求和期望。这使得企业能够开发更符合市场需求的产品和服务，提供更好的客户体验。高度满意的客户通常会成为忠实的客户，也可能成为口碑传播的推动者。

3.提前预测风险和机会。深刻的市场洞察力使企业能够更好地预测市场上的风险和机会。这包括识别潜在竞争对手、监测市场变化、预测客户需求的变化等。通过提前预测，企业可以制定灵活的战略，迅速应对市场的变化，降低风险，抓住机会。

4.提高竞争力。深刻的市场洞察力是提高企业竞争力的关键。它使企业能够更好地了解竞争对手的策略和行动，从而制定更具竞争力的应对措施。在竞争激烈的市场中，这种优势可能决定了企业的生存和成功。

5.促进创新。市场洞察力还可以激发企业内部的创新。通过了解市场上的需求和趋势，企业可以鼓励员工提出新的想法和解决方案，以满足不断变化的客户需求。

总之，深刻的市场洞察力是企业战略转型成功的关键因素之一。它不仅有助于企业在竞争激烈的市场中保持竞争优势，还可以提高客户满意度，降低风险，促进创新，从而实现可持续的增长和成功。企业高管和决策层应该将市场洞察力视为业务战略制定的基石，并不断投入资源来维护和提升这一核心能力。在充满挑战和机遇的商业环境中，深刻的市场洞察力将成为企业取得胜利的关键。

第三，创新和灵活性。创新和灵活性在企业战略转型中扮演着至关重要的角色，具体表现在以下五个方面。

1.帮助企业适应变化。当市场和竞争环境不断演变时，企业必须具备灵活性，能够快速适应变化。创新和灵活性使企业能够调整战略，推出新产品或服务，以满足新的市场需求。这有助于企业保持竞争优势，不被市场趋势

所淘汰。

2.创造竞争优势。创新可以帮助企业在竞争激烈的市场中脱颖而出。举例来说，网飞作为一家在线流媒体公司，通过引领内容创新和个性化推荐算法的应用，成功地在传统电视和其他竞争对手面前占据了市场领导地位。他们不断投资于原创内容，并改进用户体验，这使他们能够吸引更多的订阅者，保持竞争优势。

3.探索新商业模式。创新和灵活性有助于企业发现新的商业模式，进而创造新的价值。例如，Uber“优步”和Lyft“来福车”等共享经济公司彻底改变了传统的出行方式。他们引入了共享出行的概念，通过移动应用连接司机和乘客，提供了更便捷、经济实惠的出行选择。这一模式的创新性使他们能够迅速扩展业务，并在全球范围内推动了出行方式的转变。

4.提高员工参与度。创新和灵活性有助于提高员工的参与度和忠诚度。当员工看到他们的想法被尊重和采纳时，他们更有动力为企业的成功贡献力量。谷歌的“20％时间”制度就是一个例子，员工被鼓励用20％的工作时间来追求自己的创新项目，这鼓励了员工的创造力，帮助公司不断推出新的产品和服务。

5.长期成功。创新和灵活性不仅在战略转型初期重要，在长期成功中也至关重要。企业必须持续投资于创新，不断寻找新的机会和方式，以保持竞争优势。拥有创新和灵活性的企业更有可能在不同阶段保持成功，因为他们能够适应市场和行业的不断变化。

创新和灵活性是企业战略转型成功的两大核心要素。它们有助于企业适应变化，提高竞争力，发现新的商业机会，激发员工的创造力，并在长期内实现成功。企业高管和决策层应将创新和灵活性纳入战略规划的核心，鼓励和支持创新文化的建立，并不断寻找适应变化的方式。在充满不确定性的商业环境中，创新和灵活性将成为企业蓬勃发展的驱动力。

第四，全员参与和文化塑造。在战略转型中，全员参与和文化塑造是至

关重要的要素。所有员工都应该参与到变革中，并与组织的愿景和文化保持一致。星巴克（Starbucks）的案例就展示了这一要素。

星巴克以其独特的文化而闻名，强调员工和社会责任。他们将员工称为“伙伴”，并积极鼓励他们参与社区活动和公益事业。这种文化塑造不仅提高了员工的忠诚度，还增强了员工对公司使命的认同感。

这一文化也深刻地影响了客户体验。星巴克的文化吸引了一群忠诚的客户，他们不仅来这里享受咖啡，还因为共鸣星巴克的价值观而选择支持这家公司。星巴克的咖啡店常常成为社区的聚集地，因为顾客在这里感受到了温暖和归属感。

文化塑造还可以帮助员工更好地理解公司的战略目标，并在实际工作中将其付诸实践。星巴克的文化鼓励员工提供卓越的客户服务，这与公司的战略目标一致，因此员工更有动力为实现这一目标而努力工作。

全员参与和文化塑造是企业战略转型中的关键要素之一，对于实现成功的战略转型具有重要意义。

1.全员参与能够提高员工的忠诚度。当员工被积极地纳入变革过程中，他们会感到自己是组织成功的一部分，从而更倾向于为公司的利益而努力工作。这种忠诚度有助于减少员工流失，保持组织的稳定性，并确保变革计划得到坚定的支持。

2.文化塑造对于建立积极的工作环境至关重要。一个鼓励创新、开放交流和共享知识的文化，有助于吸引和留住高素质的员工。文化塑造不仅有助于战略转型的成功实施，还为组织带来了更多的机会和竞争优势。

3.文化也直接影响客户满意度。一家注重服务和客户体验的公司文化可以提高客户的满意度和忠诚度。客户更愿意与那些积极参与社区和社会责任的企业合作，这有助于公司保持竞争力。

4.文化和全员参与还有助于员工更好地理解和支持公司的战略目标。当员工与公司的目标和愿景保持一致时，他们更有动力积极参与实现这些目标。这种内外一致性有助于确保战略转型的成功执行，减少了内部阻力和不确定性。

全员参与和文化塑造在战略转型中的作用是多方面的。它们有助于提高员工忠诚度、客户满意度，促使员工更好地理解和支持公司的战略目标。因此，领导层应认真考虑并积极投入资源，以在企业内部树立积极的文化，并鼓励全员参与，以实现战略转型的顺利进行。

第五，持续学习和改进。持续学习和改进不仅仅是企业战略转型中的一项关键要素，更是一种持续进化的理念，贯穿于整个组织的DNA中。它为企业提供了多重益处，对战略转型的成功起到了决定性作用。

1.持续学习和改进有助于提高业务效率和效果。通过定期审查和改进内部流程和业务模式，企业可以寻找潜在的效率提升点，从而更高效地利用资源和提供服务。通用电气（General Electric）通过不断改进业务流程，大幅提高了效率，节省了数十亿美元的成本。

2.持续学习和鼓励员工的创新精神。鼓励员工提出新的观点和解决方案，参与创新项目，这不仅丰富了他们的工作体验，也为企业带来了新的机会。IBM鼓励员工分享和追求新的创意，使企业在不断演进的科技领域中保持竞争力。

3.持续学习和改进有助于企业更好地适应变化的市场。在竞争激烈、科技不断进步的商业环境中，企业必须保持灵活性，不断调整战略以满足新的市场趋势和客户需求。这种文化使企业能够更好地适应变化，及时调整战略，保持竞争力。例如，迪士尼公司通过不断投资于内容创新和数字化媒体，成功应对了娱乐行业的变革。

4.持续学习和改进有助于企业吸引和留住高素质的员工。员工愿意加入并留在那些重视职业发展和个人成长的企业。这能帮助企业建立强大的团队，推动战略转型的实施。亚马逊通过提供广泛的培训和职业发展机会，吸引了许多高精尖人才，推动了公司的快速发展。

持续学习和改进是企业战略转型成功的不可或缺的核心要素。它不仅提高了业务效率和效果，而且能帮助企业适应变化，还有助于吸引和留住高素质的员工。这一理念已经在众多国际知名企业中得到了成功的应用。领导层应积极倡导并支持这种文化，以确保公司能够不断发展。

企业战略转型的成功不仅仅取决于单一要素，而是需要多个关键要素相互协调，以确保整个过程的顺利进行和成功实施。

这五大核心要素相互交织，相辅相成。具备这些核心要素的企业，才能在竞争激烈的市场中脱颖而出，实现长期的可持续增长。这些要素不仅是企业战略转型的成功之道，更是在不断变化的商业环境中生存和繁荣的关键因素。只有通过综合考虑并有效整合这些要素，企业才能够克服挑战，成功实现战略转型。

三、能动型战略设计与实施

（一）被动生存的下一步就是被淘汰

在如今的商业世界中，企业生存已不再仅仅取决于产品的质量或服务的效率。全球市场的竞争越来越激烈，技术的迅速进步正在颠覆传统行业，而消费者的需求也在不断演变。在这个快速变化的环境中，企业必须积极主动地进行顶层设计、战略转型和商业模式创新，以维持竞争力，否则，被动生存的下一步就是被淘汰。

竞争激烈的市场，技术的迅速进步，以及不断演变的消费者需求，构成了现代企业面临的三大挑战。

第一，竞争激烈的市场。经济全球化使得企业面对来自世界各地的竞争对手，这意味着客户拥有了更多的选择，企业必须不断提高产品和服务的质量以吸引和留住他们。竞争对手之间的竞争不再局限于价格、产品质量，还包括创新、营销策略和客户体验。企业需要不断寻找新的方法和策略，以在竞争激烈的市场中脱颖而出。

第二，技术的迅速进步。技术的迅速发展已经颠覆了许多传统行业。新的技术和数字工具不断涌现，为企业提供了前所未有的机会，但同时也带来了新的挑战。企业必须紧跟技术的步伐，否则就会被那些能够灵活运用技术的竞争对手超越。数字化、人工智能、大数据等技术正在改变产品的开发方式、市场营销策略、客户关系管理等方方面面。企业高管和决策层必须持续关注新技术的发展，评估其如何应用于自己的业务，并采取相应的行动，以确保他们不被技术进步拖垮。

第三，不断演变的消费者需求。消费者的需求和偏好是市场中一个不断

变化的因素。他们不再满足于标准化的产品和服务，更加渴望个性化和定制化的体验。同时，消费者也更加关注企业的社会责任和可持续性实践。他们越发重视购买的产品和服务是否符合道德和环保标准。因此，企业必须更加敏锐地洞察消费者的心理，了解他们的需求，以及时调整产品和服务。忽视这些需求可能导致市场份额的迅速流失。

在面对这些挑战时，企业不能依赖过去的成功和传统的商业模式。积极主动地顶层设计是关键。企业高管和决策层必须审视组织的使命和愿景，重新评估战略目标，以确保他们能够适应不断变化的市场。这可能需要重新构思产品、服务、分销渠道，以及整个组织的运作方式。企业必须有能力调整自己的战略，以满足市场的新需求和挑战。只有积极主动地采取措施，企业才能在激烈的市场竞争中脱颖而出，否则，被动生存的下一步将是被淘汰。

在如今的商业世界，企业面临的还有许多其他复杂的因素，这些因素都推动着企业不得不积极应对，否则将错失市场和发展的机会。

第一，人才招聘和保留。人才是企业最宝贵的资产之一。在竞争激烈的市场中，吸引和留住高素质的员工至关重要。企业需要投资于招聘、培训和员工发展，以确保他们具备必要的技能和知识来应对市场挑战。此外，企业文化和工作环境也对员工的吸引力起着关键作用。创造积极的文化和提供有竞争力的薪酬和福利将有助于留住优秀的人才。

第二，金融市场波动。金融市场的波动可能对企业的财务状况产生严重影响。货币汇率的剧烈波动可能导致进口成本的波动，原材料价格的上涨也会增加生产成本。此外，全球经济的不确定性可能导致市场需求的波动，影响销售和盈利。为了减轻这些风险，企业需要谨慎管理财务，包括货币风险管理、成本控制和资金流动。

第二，全球供应链问题。全球供应链的复杂性意味着企业可能会受到来自各个方向的影响。自然灾害、政治动荡或全球性健康危机都可能中断供应链，导致生产中断或交付延迟。为了减轻供应链问题的影响，企业需要建立

弹性供应链，寻找备用供应商，建立库存储备，并实施危机管理计划。

积极应对这些挑战需要灵活性、创新性和持续的战略规划。企业高管和决策层必须在这个竞争激烈且不断变化的环境中积极主动地采取措施，如人工智能、物联网和区块链等正在改变行业的商业模式，迫使企业不断创新以保持竞争力。

市场的快速变化使企业不得不更灵活地应对新机遇和威胁。新竞争对手可能会迅速涌现，新产品和服务可能会改变市场格局，而消费者的需求也可能在短时间内发生变化。企业需要建立敏捷的战略规划和决策过程，以快速适应市场变化，可能需要加强与创新生态系统的合作，以获取新的创意和资源。

同时，消费者对企业的印象和信任度直接影响其购买决策。企业必须不断投资于品牌建设，包括广告、宣传和公关活动，以保持在市场中的可见性。此外，积极管理声誉问题和危机管理至关重要，因为负面的声誉事件会对企业产生长期不利影响。

如今的商业世界中，企业面临多重挑战，企业高管和决策层必须具备灵活性和战略视野，以积极主动地应对这些挑战，持续的顶层设计、战略转型和商业模式创新是企业在如今竞争激烈的商业环境中取得成功的关键因素。

（二）成为积极应对挑战的能动组织

亚马逊的成功不仅源于他们提供的商品和服务，更因为杰夫·贝索斯一直以来的积极领导和对持续创新的执着追求。他坚信客户至上，并将这一理念融入了亚马逊的企业文化。亚马逊积极地应对市场的挑战，不断寻找新的机会和方式来满足客户需求。他们不仅仅提供商品，还创造了独特的购物体验，如一小时送货、Alexa语音助手等。此外，亚马逊建立了世界上最大的物流体

系，确保了高效的交付和客户满意度。积极回应客户反馈也是亚马逊成功的一部分，他们不仅聆听客户的建议，还积极采纳并改进服务。亚马逊的成功说明，积极的领导、持续的创新和关注客户是实现市场领先地位的关键。

在动态的商业环境中，企业要想成为积极应对挑战的能动组织，必须拥有一系列关键特征和战略，这些因素将有助于企业在市场中保持竞争力，甚至引领市场趋势。以下是一些关键因素，企业应当积极采纳以在不断变化的市场中站稳脚跟。

第一，强化领导力和战略规划。在现代商业中，管理者的角色不再局限于管理业务的日常运作。他们必须成为战略家，具备前瞻性思维，能够预测市场趋势和新兴机会。他们需要为组织明确愿景，制定战略规划，并以积极的态度引领组织朝着共同目标前进。同时，他们应该鼓励员工积极参与，建立鼓励创新的文化，使整个组织更加灵活，能够快速适应市场变化。

第二，持续地创新和研发。创新已经不再是企业可选的策略，而是生存和成功的必要条件。企业必须持续投资于研发和创新，以确保他们的产品和服务能够与竞争对手相媲美，甚至超越。这可能包括开发新的产品线、采用新技术、改进现有产品或服务，以满足客户不断演变的需求。创新也需要在组织内部建立文化，鼓励员工提出新的想法和解决方案。

第三，敏捷的组织结构。传统的组织结构通常过于庞大和复杂，导致决策变得缓慢和不灵活。在不断变化的市场中，企业需要采用更加敏捷的组织结构，如跨职能团队、项目化管理和组织团队，以更迅速地作出决策和适应市场变化。这种敏捷性有助于企业更快地推出新产品、服务或解决方案，并更好地满足客户需求。

第四，数据驱动的决策。数据在现代商业中的重要性不可低估。企业需要建立强大的数据分析能力，以更好地了解客户、市场和竞争对手。数据驱动的决策可以帮助企业更准确地预测趋势，制定更有效的战略，并及时作出调整。这意味着要投资于数据收集、分析工具和专业知识，以便从数据中获

取有价值的见解。

第五，风险管理和灵活性。企业必须制定有效的风险管理策略，以应对金融市场波动、法规变化、供应链中断等风险。这就需要企业适时调整战略、改变供应商或改进产品。灵活性是应对不断变化的市场中的关键竞争优势之一。

企业高管和管理者需要积极推动这些战略和特征的实施，以确保他们的组织能够在竞争激烈的商业环境中生存和繁荣。只有这样，企业才能在不断变化的市场中站稳脚跟，避免被淘汰的命运。

作为世界500强之一的丰田汽车公司，起初就是家族式企业，也是历经了六次危机（即“二战”后的劳动危机、1949年的现金流危机、20世纪60年代的环境危机、1973年的石油危机、2008年的金融危机和2009年的信任危机），并积极采取应对措施，才顺利扭转局面取得了今天的业绩和规模。

第一次危机发生在“二战”后。由于经济大环境不景气，丰田采取了降薪、裁员等方式，维持经营的稳定，结果爆发了丰田历史上时间最长的一次罢工。丰田立刻意识到了“员工安定与企业发展缺一不可”，于是确定了“以人为本”的战略方针。

第二次危机发生在1949年年底，之前的劳资纠纷导致了现金流危机。那时日银等24家银行对丰田实施“产销分离”的措施，导致丰田公司被迫拆分成生产和销售两个公司。丰田也因此意识到了背负过多债务进行经营的风险和无奈，新走马上任的总经理石田退三提出“无债经营”的概念，这才造就了丰田强大、稳定的资本运营模式，赢得了“丰田银行”的名号。

第三次危机发生在20世纪60年代末，随着政府对环境保护的重视，很多新的规定和法律法规不断出台，尤其在汽车尾气排放上的规定更加严苛，这便意味着生产成本的成倍增加。丰田积极转向环保领域，把创新和研发的重点放在汽车设计、生产、使用、维修等所有环节。甚至还成立了环境委员会，

完全禁用氟氯烷，构建新能源循环利用评价系统。

第四次危机发生在1973年，丰田遭遇了石油危机。丰田提出了“厉行节约”的理念，并研发了燃耗性能更优质的汽车，同时把财力和科技研发重点放在了轻量化汽车领域，因此，丰田凭借节能、环保、轻便的优势迅速占领欧美市场，并在1975年成为美国销售量第一的国际品牌。

第五次危机发生在2008年。这年金融危机席卷全球，汽车行业也出现了前所未有的萧条，日元还持续升值，丰田出现了1971年后的第一次亏损。为此丰田成立了专门的应对委员会，并通过节约审核各种开支，减少生产和削减管理层薪酬、退出核心业务等方式降低成本。

第六次危机发生在2009年，由于企业刹车系统故障引发的信任危机。为此，丰田提出了“质量承诺”，积极找回有问题的车辆，延长产品研发周期，对海外市场建立质量特别委员会，并对其管理结构进行调整。终于，在2011年丰田利润整体回升，到2013年丰田净利润恢复到1.8万亿日元。

从丰田的案例中，不难看出在竞争激烈的商业环境中，积极应对挑战的重要性。企业可以从这些案例中汲取宝贵的经验教训，以指导组织成为积极应对挑战的能动组织。

（三）提高企业生命体的反应程度

当企业被动地应对市场的挑战，它们往往处于一种脆弱的状态，容易受到外部变化的冲击。然而，如果企业积极主动地提高其反应程度，就能更好地适应并充分利用这些变化，从而实现长期的成功。

灵活性在当今商业环境中变得至关重要，它有助于企业更好地适应不断变化的市场和应对各种挑战。

第一，快速适应变化。在全球市场中，不确定性变得越来越常见。市场因素、竞争格局、自然灾害等因素都可能导致市场条件的快速变化。在这种情况下，企业需要具备快速适应的能力，以确保其产品和服务能够满足新的市场需求。

1.企业需要制订应急计划，以迅速应对突发事件。这些计划可以涵盖各种情景，包括供应链中断、市场需求下降、自然灾害等。通过提前制订计划，企业可以更快地采取行动，降低潜在的风险和损失。

2.快速适应需要快速制定决策。企业高层管理团队必须具备迅速评估情况、制定决策并执行的能力。这需要清晰的决策流程和适当的授权，以确保信息能够迅速传递到关键决策者，并且能够快速采取行动。

3.快速适应需要创新的思维和文化。企业应该鼓励员工提出新想法、试验新方法，并容忍失败。这种创新文化可以激发员工积极寻找解决方案，而不是害怕变化。

在这个竞争激烈且不断变化的商业环境中，企业必须把快速适应变化作为优先事项之一。只有具备灵活性、制订应急计划、实现快速决策、采用敏捷的组织结构、依赖数据驱动的反馈和鼓励创新文化的企业，才能在快速变化的市场中立于不败之地。

第二，制订备用计划。制订备用计划是确保企业在面对突发事件或市场变化时能够保持灵活性和稳定性的关键策略。以下是关于备用计划的扩展内容。

1.应急供应链管理。企业可以建立备用供应链，以减轻依赖单一供应商带来的风险。这意味着与多个供应商建立合作关系，并确保备用供应商能够在需要时提供所需的原材料或产品。此外，应急供应链管理还包括货物库存的管理，以确保企业能够在供应链中断时继续生产。

2.备用的生产设施。为了应对生产中断的风险，企业可以考虑建立备用的生产设施。这些备用设施可以是位于不同地理位置的工厂或生产线，以确

保即使一个地点受到影响，生产仍能够继续进行。此外，备用设施还可以用于研发和测试新产品或新工艺。

3.多元化市场进入战略。企业不应过于依赖单一市场或客户。相反地，他们可以制定备用的市场进入战略，以扩大业务范围。这可能包括进军新的地理市场、开发新的客户细分或扩展产品线以满足不同市场的需求。通过多元化市场战略，企业能够减轻市场风险，因为一个市场的不景气不会对整体业务产生巨大影响。

4.金融规划和储备资金。保持足够的储备资金对于应对突发事件非常重要。企业可以制定财务规划，确保有足够的现金储备来支付员工工资、运营费用和应急开支。这可以包括建立紧急储备基金，用于应对不可预见的费用。

5.定期演练和评估。制订备用计划后，企业需要定期进行演练和评估。这可以帮助团队熟悉应急程序，并发现潜在的改进点。演练应包括模拟不同类型的突发事件，以测试备用计划的可行性。定期评估还可以确保备用计划与市场和组织的变化保持一致。

6.多层级的备用计划。企业可以制订多层级的备用计划，以应对不同程度的紧急情况。例如，有些备用计划可能针对小规模的问题，而其他备用计划则应对更大规模的灾难性事件。这种多层级的方法可以确保企业能够在各种情况下保持灵活性。

制订备用计划是确保企业能够在不确定的环境中保持稳定性和灵活性的关键策略。这些计划包括多个方面，从供应链管理到市场多元化，以及金融规划和定期演练。通过制订和执行这些备用计划，企业可以更好地应对不可预见的挑战，确保业务的可持续性。

第三，建立灵活性的企业文化。建立灵活性的企业文化是确保整个组织能够积极应对变化的关键。这包括鼓励员工接受变化并乐于尝试新想法，而不害怕失败。灵活性企业文化还鼓励员工在面对挑战时积极寻找解决方案，而不是等待问题解决。在这种文化中，每个人都被视为变革的推动者，而不

仅仅是执行者。

企业如何建立灵活性的文化呢？

1.鼓励接受变化。一种灵活性文化的关键特征是鼓励员工接受变化并视其为机会而不是威胁。管理者应该传达变革的重要性，并解释如何通过变革来实现组织的长期目标。这种积极的态度有助于员工更容易接受和支持变革。

2.乐于尝试新想法。灵活性文化鼓励员工提出创新的想法，并为他们提供机会将这些想法付诸实践。这可能包括创新工作坊、创意竞赛或专门的创新团队。员工应该知道他们的新想法受到欢迎，并且组织支持他们尝试新方法。

3.容忍失败。在灵活性文化中，失败被视为学习和改进的一部分，而不是可避免的惩罚。员工应该自由地去尝试新事物，即使失败也不会受到严厉的批评。这种容忍失败的环境鼓励员工更加大胆地探索新的解决方案。

4.激发员工的创造力。灵活性文化激发员工的创造力和创新精神。这可以通过提供时间和资源来支持创造性项目、创建创新孵化器或为员工提供培训和发展机会来实现。该方法鼓励员工尝试从不同角度思考问题，并找到更好的解决方案。

5.基于价值观的文化。文化中的灵活性应与组织的价值观相一致。例如，如果价值观强调客户满意度，那么员工可能会更愿意尝试新的客户服务方法。价值观也可以强调团队合作、卓越和社会责任，以帮助指导员工的行为。

建立灵活性文化有助于组织更好地适应变化和应对挑战。这种文化不仅能够增强组织的创新能力，还能提高员工的参与度和忠诚度。通过积极的文化，企业可以更好地应对不确定性，并保持竞争力。

这些因素将有助于企业在不断变化的商业环境中蓬勃发展，使其能够积极应对挑战，而不是被动地生存。让企业成为积极应对挑战的能动组织是商界高管和决策层的当务之急。

（四）把握“风口”并引领“风口”

在竞争激烈的商业环境中，企业要想取得成功，不仅需要紧跟市场趋势，还需要能够把握并引领市场的“风口”。

市场“风口”是一个精彩而多层次的概念，它涉及市场的多个方面，包括机遇、趋势、需求和竞争。

市场“风口”是指那些在一段时间内，特定产业或领域出现了快速增长和机遇的时机。这些时机通常是由多种因素相互作用而产生的，包括技术创新、消费者需求变化等。市场“风口”通常为那些能够抓住机会并满足市场需求的企业提供了丰富的奖励。

市场“风口”通常由以下四个关键因素产生。

第一，技术创新。新技术的出现通常会颠覆现有行业，创造新的市场机会。例如，互联网的普及和移动技术的发展引领了在线零售和移动应用市场的崛起。

第二，社会和文化趋势。消费者的行为和需求随着时间的推移发生变化。企业可以通过捕捉这些趋势来满足不断变化的需求，例如，对可持续性和健康的关注。

第三，市场饥渴。某些市场存在尚未满足的需求，企业可以通过提供新的解决方案来填补这些空白。例如，共享经济模式填补了短期住宿和交通服务方面的市场空白。

第四，全球经济因素。全球经济事件，如金融危机、贸易战等，可能会影响市场的走向和机会。

为了更好地理解市场“风口”的概念，下面举例说明不同行业和企业是如何从中受益的。

随着远程学习和在线培训的需求增加，在线教育行业蓬勃发展。Coursera

和edX等在线学习平台充分利用了这一机会，成为该领域的中坚力量。

健康科技行业受益于老年人口和更多人关注健康的趋势。Fitbit和MyFitnessPal等健康科技公司成功地抓住了市场机会，迅速抢占了市场份额。

随着科技的快速发展和人们生活质量的不断提升，智能家居凭借智能、便捷、舒适和可持续的优点逐渐走入了人们的日常生活。小米和华为等科技公司成功抓住了这一机会，迅速抢占了大量市场份额。

这些案例展示了市场“风口”如何在不同领域和时机下出现，以及企业如何能够充分利用这些机会来取得成功。在接下来的内容中，我们将探讨如何抓住和引领这些“风口”，以在竞争激烈的市场中获得优势。

第一，把握市场“风口”。把握市场“风口”是企业在竞争激烈的商业环境中取得成功的关键。这需要企业具备识别潜在市场“风口”的能力，以及迅速采取行动来利用这些机会。以下是一些重要的步骤和策略，能够帮助企业把握市场“风口”。

1.市场研究。市场研究是企业成功的基石，因为它提供了关于市场环境的关键信息，能够帮助企业更好地理解和把握市场“风口”。以下是对市场研究的深入探讨。

(1) 了解消费者的需求是市场研究的核心。这包括了解他们的喜好、期望、问题和购买行为。通过定性方法，如调查和访谈，企业可以获取消费者的反馈和见解。例如，一个食品公司可能会进行消费者调查，以了解他们对健康食品的需求，并根据结果开发新产品。

(2) 市场研究还涉及分析竞争对手。了解谁是你的竞争对手，他们的市场份额如何，以及他们的策略是什么，对于制定自己的市场策略至关重要。企业可以通过竞争情报的收集和分析来完成这一任务。例如，一家新兴科技公司可能会监测主要竞争对手的产品发布，并评估他们的市场表现。

(3) 市场研究还包括分析行业趋势。这意味着企业需要了解当前市场的发

展方向和未来可能的变化。趋势分析可以通过数据分析、文献研究和专家访谈来完成。例如，一家金融机构可能会研究全球经济状况，以确定未来金融服务需求的可能变化。

(4) 市场研究通常使用定性和定量方法的综合应用。定性方法如访谈和焦点小组讨论可以提供深度理解，而定量方法如调查和数据分析则可以提供更广泛的见解。这种综合方法可以帮助企业全面地了解市场，从而更好地制定战略。

市场研究的重要性在于它有助于企业避免盲目行动和减少风险。它使企业能够明智地决策，并更好地把握市场机会。此外，市场研究还有助于企业保持竞争力，因为它使企业能够不断适应变化的市场环境。因此，对于企业高管和决策层来说，投资于市场研究是确保企业成功的关键步骤之一。

2.趋势分析。趋势分析在市场研究中扮演着关键的角色，因为它有助于企业预测未来市场的方向和变化。以下是对趋势分析的深入探讨，以及为什么它对企业如此重要。

(1) 趋势分析涉及识别新兴趋势，这些趋势可能在未来会成为市场的主导力量。通过监测技术、社会文化、经济和政治等领域的变化，企业可以更早地发现市场的"风口"。例如，随着人工智能技术的进步，一些企业通过提前投资并开发AI相关产品，成功地抓住了这一趋势和发展机会。

(2) 趋势分析不仅可以帮助企业发现新趋势，还有助于预测市场的发展方向。通过分析过去的数据和当前的趋势，企业可以制订更准确的战略计划。例如，零售业者可能通过趋势分析认识到，线上零售的增长可能超过传统实体店，因此他们可以相应地调整供应链和销售策略。

(3) 趋势分析使企业能够提前准备，并在市场趋势明确之前采取行动。这可以帮助企业建立竞争优势，因为他们能够更早地推出符合市场需求的产品或服务。例如，一家餐饮公司可能通过观察食品健康趋势，提前调整菜单，提供更多的健康食品选择，以满足消费者的需求。

（4）趋势分析还有助于企业降低风险。通过了解市场的未来走向，企业可以避免投资于即将衰退的行业或市场。这可以节省资源并减少潜在的损失。例如，一家能源公司可能通过趋势分析认识到可再生能源市场的潜在增长，因此决定增加对可再生能源的投资。

趋势分析是市场研究不可或缺的一部分，它有助于企业更好地理解市场的演变和机会，预测未来的市场动态，并提前准备，以保持竞争优势。对于企业高管和决策层来说，深入了解和运用趋势分析是制定战略和实现长期成功的关键步骤之一。

3.竞争情报。竞争情报是企业在市场中保持竞争优势的关键工具之一。以下是竞争情报的关键性，以及它为企业带来的益处。

（1）竞争情报使企业能够深入了解竞争环境，包括市场上的竞争对手数量、其市场份额、产品和服务组合以及战略目标。这种了解有助于企业更好地定位，制定更有针对性的战略。

（2）通过竞争情报，企业可以追踪竞争对手的战略举措。这包括他们可能的市场扩张计划、新产品或服务的发布、价格调整等。了解竞争对手的战略动向有助于企业作出反应并制定适当的策略，以保持竞争力。

（3）竞争情报也有助于企业发现竞争对手的弱点。通过分析竞争对手的表现和客户反馈，企业可以识别出他们可能的短板，并尝试利用这些弱点来获得市场份额。

（4）竞争情报有助于企业挖掘市场机会。通过了解竞争对手未满足的需求或未进入的市场领域，企业可以找到新的增长点，并制定相应的市场进入策略。

（5）竞争情报帮助企业制定更有竞争力的策略。它使企业能够基于对市场和竞争对手的深入了解来作出明智的决策。这包括定价策略、产品创新、市场定位和营销策略等方面的决策。

竞争情报可以通过多种方法来收集，一般包括：进行市场调查和调研，以

了解市场上的竞争情况和客户需求；对竞争对手的公司资料、财务报表和公开信息进行深入分析；监测竞争对手在社交媒体、新闻稿和网站上的活动；收集客户的反馈和投诉，以了解他们对竞争对手的看法和需求。

竞争情报是企业制定战略和保持竞争优势的关键工具。通过深入了解竞争环境和竞争对手，企业可以更好地应对市场挑战，发现增长机会，并制定更具竞争力的战略。因此，对于企业高管和决策层来说，有效的竞争情报收集和分析是取得成功的重要一步。

第二，引领市场“风口”。在市场中成为引领者而不仅仅是追随者，是企业在市场“风口”中的关键目标。下面通过国际知名企业的案例，分析关键策略是如何成功地塑造市场趋势和引领行业的。

1.不断进行创新和研发是成为市场引领者的重要方法。企业需要投入资源，开发新的产品或服务，以满足客户不断变化的需求。这包括持续改进现有产品，以保持竞争力，并在市场上树立标杆。

苹果是全球科技行业的引领者之一，以其不断创新的产品而闻名。他们的iPhone系列是市场上最成功的智能手机之一，每一代都引领了手机技术的发展。通过将硬件、软件和服务相结合，苹果创造了一个强大的生态系统，吸引了全球的用户。

2.引领者通常投资于市场教育，帮助消费者了解新兴技术或产品的潜力。他们也积极拓展市场，进入新的地理区域或市场领域。

亚马逊成为电子商务行业的管理者，部分原因是他们在市场教育方面的投入。他们通过不断改进客户体验、推广在线购物，并提供快速便捷的交付服务来推动电子商务的增长。此外，亚马逊还进一步扩展了市场，涉足云计算、音频流媒体、智能家居等领域，引领了多个行业的发展。

3.引领者会与其他公司建立战略性伙伴关系，以共同推动市场发展。这种伙伴关系可以加速创新和市场渗透。

特斯拉的创始人埃隆·马斯克也是太空探索技术公司SpaceX的创始人。

这两家公司之间存在协同关系，其中SpaceX提供了电池技术和太阳能解决方案，支持了特斯拉电动汽车的发展。这种合作帮助特斯拉在电动汽车领域取得了领先地位。

4.引领者通常将客户需求置于战略的中心。他们积极倾听客户反馈，不断改进产品和服务，以满足客户期望。

在市场“风口”中成为引领者需要勇气、创新和战略眼光。这些策略和案例示范了如何抓住机会，引领市场趋势，塑造行业，并在竞争激烈的市场中脱颖而出。对于企业高管和决策层来说，深刻理解这些战略原则和案例的背后逻辑是实现市场领导地位的关键。

在不断变化的商业环境中，只有那些能够识别并积极抓住市场“风口”的企业才能取得成功，并持续保持竞争优势。因此，企业高管和决策层应始终保持警觉，深入市场研究，积极创新。

PART 3

构建共同体型战略

一、共同体型战略设计与实施

（一）终结“个人型”企业

在探讨“个人型”企业时，首先需要明确其定义和特征化。个人型企业是指那些高度依赖于一位创始人或管理者的企业，其运营、决策制定、声誉和文化都紧密围绕着这位“个人”展开。这些企业通常反映了创始人的愿景、价值观和风格，并且往往随着这位“个人”的离开或退休而面临挑战。

个人型企业的兴起与创业家精神和创新的火花息息相关。

长期以来，美国通用电气公司（GE）被视为一个以杰克·韦尔奇为代表的个人型企业。杰克·韦尔奇是美国通用电气公司的前首席执行官，在他的领导下实施了一系列成功的业务战略。美国通用电气公司意识到需要改变其管理模式以适应不断变化的市场。在杰克·韦尔奇后，公司先后有多位首席执行官。虽然美国通用电气公司面临了一些挑战，但公司正在通过重新定位其核心业务，加强工业互联网和清洁能源领域的投资来逐渐恢复竞争力。

Facebook也曾是个人型企业。马克·扎克伯格在公司创建初期扮演了关键角色，但Facebook的成功不仅仅取决于他个人的努力。该公司建立了一支强大的团队，通过并购和扩张，使其在社交媒体领域成为“巨头”。尽管扎克伯格仍然在公司的顶层，但Facebook已经演变成了一个更为集体化的企业。

个人型企业通常会在其创始人或管理者的愿景和领导下，走上创新之路。它们往往能快速感知市场变化，追求不断突破，甚至颠覆传统。然而，这种领导方式也可能导致企业面临一定的风险，因为企业的成长和成功太过于集中在一个人的手中。

这些企业在其行业中扮演了创新者的角色，但同时也面临着延续性和可

持续性的挑战。当个人型企业的创始人退出或面临挑战时，企业需要重新审视其战略和领导结构，以适应新的现实。

虽然个人型企业在一开始可能取得了巨大的成功，但它们通常在一些方面存在局限性，这些局限性可能会威胁到它们的持续增长和经济适应性。

第一，规模扩展的挑战。个人型企业在其创始人的愿景和才华下取得了初期成功，但随着业务规模的扩大，创始人可能会面临管理和资源分配的挑战。个人的决策制定和领导风格可能不再适用于大规模组织，这可能导致运营效率下降、决策速度减慢以及内部复杂性增加。

第二，持续增长的挑战。个人型企业在一开始可能会快速增长，但在某个阶段，由于过于依赖个人的影响力和资源，其增长速度可能会减缓或停滞。这可能是因为资源有限，无法满足潜在市场需求，也可能因为企业缺乏多样性，无法应对多变的市场情况。

第三，经济适应性的挑战。市场和行业环境不断变化，而个人型企业可能缺乏足够的适应性来有效地面对这些变化。它们可能陷入了过于依赖过去成功模式的陷阱，无法快速适应新的市场趋势或技术变革。这种适应性的缺乏可能导致企业失去竞争力。

第四，风险暴露。个人型企业通常与其创始人的声誉和形象紧密相连。因此，如果这位个人受到争议、负面新闻或法律问题的影响，企业可能会受到重大损害。这是因为个人型企业缺乏分散风险的机制，如果创始人受到负面影响，整个企业可能会受到冲击。

第五，传承和继任的问题。当个人型企业的创始人决定退休或不再参与日常经营时，传承和继任问题变得尤为关键。找到适当的继任者，以维持企业的文化和价值观，是一个复杂而关键的挑战。如果传承问题未能得到妥善解决，企业可能会面临分裂和管理层混乱的风险。

虽然个人型企业可以在初期阶段实现显著的成功，但它们在持续增长、经济适应性和风险管理方面常常面临挑战。

终结“个人型”企业并将其转化为更具韧性和持久性的组织是一个复杂的过程，但它可以确保企业在创始人变迁或其他不确定性因素下仍然能够持续成功。以下是一些关键步骤和策略。

第一，建立稳固的管理团队。一个稳固的管理团队可以减轻企业对个人的依赖。管理团队应该由经验丰富的高管组成，他们具备不同的技能和专业知识。这有助于确保企业能够在管理者变迁时保持稳定性。

第二，制定清晰的治理结构。一个健全的治理结构可以确保企业在不同管理层之间保持连续性。这可能包括建立董事会、设立决策流程以及明确各级管理人员的职责和权限。

第三，文化的传承。企业文化对于终结个人型企业至关重要。因此，要确保企业文化的价值观和使命能够传承下去，不受创始者变迁的干扰。这需要企业明确文化价值观，鼓励员工参与，并在组织内强调文化的重要性。

第四，培养继任者。提前培养和选拔潜在的继任者是确保企业持续成功的关键。这可以通过制订领导发展计划、提供培训机会以及为员工提供晋升机会来实现。

第五，多样化收入来源。减少对特订个人或业务的依赖，通过多样化收入来源来增强企业的经济适应性。这可能包括进入新市场、扩展产品或服务线、寻找新的合作伙伴等。

第六，建立危机管理计划。制订危机管理计划，以应对创始者变迁、声誉危机或其他不可预测的情况。这可以帮助企业在困难时期迅速采取行动，减少潜在的风险。

第七，与利益相关者密切沟通。保持与员工、客户、合作伙伴和投资者的密切沟通，建立信任和透明度，以确保他们对企业的变革和稳定性有信心。

第八，制定长期战略。制定长期战略使企业能够在不同管理层之间保持连续性。这可以确保企业不会只追求短期利润，而是注重长期可持续性和价值创造。

终结个人型企业并将其转化为更具韧性和持久性的组织，可以确保企业在创始者变迁或其他不确定性因素下能够继续稳定发展。为了实现这一目标，企业高管和决策层需要采取积极的行动。

首先，他们应该进行诚实的自我评估，以确定企业是否存在个人型管理者的依赖性。其次，他们可以着手制订终结个人型企业的计划，包括建立稳固的管理团队、清晰的治理结构和文化传承机制等。

未来的趋势表明，商业环境将继续面临不确定性和快速变化。因此，企业必须具备适应这种变化的能力，否则将被市场所抛弃。顶层设计、战略转型和商业模式创新，将成为企业成功的关键。只有通过不断改进和更新，企业才能保持竞争力，引领市场潮流，而不仅仅是追随者。

在这个充满挑战和机遇的时代，应该鼓励企业高管和决策层采取行动，确保他们的企业能够适应不断变化的商业环境。终结个人型企业，创造更具韧性和持久性的组织，将使他们更有信心地面对未来的挑战，实现长期的成功。

（二）重新认知“分”在企业发展中的地位和作用

传统上，企业往往将“分”视为一种负担或副产品，因为它们集中精力追求效率和整合性。这种观念源于传统的工业时代，企业主要关注生产线的效率和标准化，而不太关注个性化或分散因素。

然而，随着商业环境的快速变化和技术的飞速发展，一些领先的企业开始重新思考“分”的概念。他们认识到，分散因素可以是创新和竞争力的源泉，而不仅仅是负担。

第一，“分”可以作为企业多样性的来源。多样性可以促进创新，因为来自不同背景、文化和专业领域的思维可以产生创造性的想法。例如，谷歌一

直鼓励员工花费一部分工作时间进行个人创新，这种多元化的创造力有助于公司不断推出新产品和服务。

第二，分散因素也可以帮助企业更好地满足客户需求。不同的客户具有不同的需求和偏好，企业如果能够提供个性化的解决方案，就能够更好地满足市场需求。亚马逊的个性化推荐系统就是一个例子，它根据用户的购物历史和兴趣，向他们推荐相关的产品，提高了购物体验。

第三，分散因素还可以提高企业的适应能力。在不断变化的商业环境中，企业需要灵活应对各种挑战和机会。拥有多样化的资源和能力可以使企业更加灵活，更好地应对变化。例如，特斯拉不仅仅是一家电动汽车制造商，还涉足了太阳能、能源储存和人工智能等领域，这种多元化使得他们更具抗风险能力。

第四，企业管理层的思维方式发生了变化。他们开始认识到，传统的集中式管理模式可能会限制创新和成长。因此，一些领先的企业采用了更加开放和分散的管理方式，鼓励员工提出新想法并参与决策。谷歌的管理哲学中就强调了开放性、民主式的管理方式，鼓励员工发挥创造力。

企业不再将“分”仅仅视为分散因素，而是将其视为创新、适应性和多样性的机会。这种重新认知“分”的思维方式有助于企业更好地适应不断变化的商业环境，取得竞争优势，并在全球竞争中脱颖而出。

“分”的新视角，即分布式创新，标志着企业认识到分散因素可以是创新的引擎，同时也是企业拥有适应性和灵活性的关键。分布式创新不仅仅关注企业内部的创新，更着眼于整个生态系统的协同创新，它会将不同的参与者和资源整合在一起以创造更大的价值。

第一，协同创新。分布式创新注重协同合作，这种合作不仅在企业内部进行，还在企业与供应商、客户、合作伙伴和社区之间发挥作用。这种开放性的合作可以加速新产品和服务的开发，因为它汇集了不同领域的专业知识和创造力。例如，IBM的“全球创新大脑”项目就是一个开放的创新平台，邀

请全球的创新者和专家参与解决复杂的问题。

第二，资源整合。分布式创新意味着企业可以有效地整合分散的资源，包括人才、技术、数据和资金。这种资源整合可以加速创新，降低创新成本，并增加成功的机会。例如，Kickstarter等众筹平台为初创企业提供了一种融资方式，让他们能够吸引来自全球的资金和支持，而不仅仅依赖传统的风险投资。

第三，开放式创新。分布式创新鼓励开放式的创新过程，使更多的人能够参与创新活动。这意味着企业将创新的能力扩展到更广泛的社群中，通过开放API（应用程序编程接口）、开源项目和合作伙伴生态系统来实现这一目标。例如，Android（安卓）操作系统的开源性质促使全球的开发者和制造商可以自由地定制和使用它，从而使Android成为全球最流行的移动操作系统之一。

第四，快速迭代。分布式创新鼓励快速迭代和试验。企业可以将新想法迅速投入实践，并根据反馈进行调整和改进。这种敏捷的创新方式有助于企业更好地适应不断变化的市场需求。例如，亚马逊的“双循环”模式允许他们不断试验新的商业模式和服务，以满足客户需求。

分布式创新的新视角意味着企业不再将分散因素视为负担，视为发展的机会。这种开放性、协同性和灵活性的创新方式有助于企业更好地适应快速变化的商业环境，加速创新，提高客户价值，同时创造竞争优势。因此，重新认知“分”在企业发展中的地位和作用已经成为企业高管和决策层不可忽视的重要议题。

“分”的地位和作用的重新认知在当今商业环境中至关重要。这种认知不仅改变了企业的文化和战略，还影响了企业的竞争力和可持续性。

第一，提高适应性。在不断变化的商业环境中，适应性至关重要。重新认知“分”使企业能够更灵活地适应变化，因为它们能够更快地调整战略、产品或服务，以满足新的市场需求。这种适应性有助于企业在竞争中脱颖而出。

第二，创造竞争优势。那些能够最好地利用“分”的企业通常能够创造竞争优势。他们能够更快地响应市场变化，提供更多样化的产品和服务，同时降低成本。这使他们在市场上占据有利地位。

第三，提高客户满意度。重新认知“分”可以帮助企业更好地了解客户需求。通过分析客户反馈和数据，企业可以定制产品和服务，提高客户满意度，增加忠诚度。

第四，实现可持续性。重新认知“分”也与可持续性密切相关。它可以帮助企业更好地管理资源，减少浪费，减少对环境的不良影响。这有助于企业长期发展。

重新认知“分”在企业发展中的地位和作用远非简单的分散因素。它代表了机遇、创新和竞争优势的来源。因此，企业高管和决策层应积极寻找并利用这些机会，以确保企业能够在不断变化的商业环境中持续成功。

二、构建协同型组织

（一）构建协同型组织的一般方法

在当今快速变化的商业环境中，企业管理者和决策层面临着巨大的挑战。传统的层级式组织架构在某些情况下可能限制了创新和快速决策的能力。因此，构建协同型的企业组织已经成为成功企业的一项关键任务。

协同型组织的优势是多方面的，它们对企业的发展和成功产生了积极的影响。

第一，更快的创新速度。协同型组织能够更快地推动创新，因为它们鼓励员工跨部门合作、分享想法和尝试新方法。这种协同创新有助于企业更快地推出新产品或服务，以满足市场需求。

第二，更高的员工满意度。协同型组织通常会创造一个更积极、有创造力和有参与感的工作环境。员工有更多的自主权，感到自己的工作有意义，这提高了员工满意度和忠诚度。

Salesforce是美国一家专注于客户关系管理的软件服务公司，被认为是协同型组织的典范，他们关注员工的幸福感。他们为员工提供了许多福利和发展机会，包括灵活的工作安排、培训和发展计划，进一步提升了员工满意度，促使员工能够长期留任。

第三，更好的客户体验。通过跨部门协作和灵活决策，协同型组织能够更好地满足客户需求，提高客户忠诚度。

亚马逊的成功部分归于其协同型组织文化。他们的团队鼓励在客户体验方面进行实验，并不断改进。这使他们能够提供出色的客户服务、高效的物流和个性化的推荐，从而赢得了客户的信任。

第四，更大的竞争优势。协同型组织更容易适应变化的商业环境，因为它们的决策过程更加分散和灵活。这使得它们能够更快地调整战略，抓住新的机会，并更好地应对竞争挑战。

微软通过采用协同型组织方法，在云计算和人工智能领域取得了成功。他们的团队涉足不同的领域，鼓励创新，并能够快速推出新产品和服务，提升了竞争优势。

协同型组织在当今竞争激烈的商业环境中具有巨大的优势。它们能够更好地适应变化、推动创新、提高员工满意度和客户体验，从而促进企业更好发展。

协同型组织的核心理念是重新定义员工在企业中的地位和作用。它超越了传统的层级结构，鼓励员工成为组织的积极参与者、创新者和决策者。

第一，文化的变革。协同型组织的成功始于文化的变革。它鼓励开放性、透明度和信任的文化。在这种文化中，员工被激励分享他们的观点、提出新想法，而不必担心批评或处罚。企业创造了一个积极的学习环境，员工可以在失败中学习，不断改进。

网飞鼓励员工提出创新的想法，甚至推出了"无须批准的休假政策"，允许员工随时休假，只要他们认为这对公司和他们的工作没有负面影响即可。

第二，信息透明度。协同型组织的关键是信息的透明度。员工需要访问重要的信息，包括公司战略、财务状况和竞争态势。这种透明度帮助员工理解他们的工作如何与公司的整体目标相连接，激发他们更深入地参与工作。

Spotify通过创建"Spotify模型"实现了信息的透明。该模型将公司的战略、目标和度量标准公开分享给所有员工，使他们能够了解公司的方向并将其与自己的工作联系起来。

第三，分散的决策权。协同型组织通过分散决策权来推动创新。传统的层级结构通常会将决策权集中在高层管理层，而在协同型组织中，决策更加分散，员工可以更灵活地应对问题和机会。

Zappos采用了一种称为“Holacracy”（全体共治）的组织模式，其中员工被授权自行作出决策，无须通过中层管理层。这种分散的决策权鼓励员工更积极地参与和负责公司的方向。

第四，跨部门协作。协同型组织鼓励跨部门协作，打破了传统的职能隔离。员工被鼓励在项目和倡议中与不同部门的同事合作，以提供创新的解决方案。

在协同型组织中，员工不再仅仅是执行者，而是组织的积极参与者和推动者。这种新型组织文化鼓励员工的自主创新和创造力，帮助企业更好地适应不断变化的商业环境。在接下来的章节中，我们将深入研究如何实施协同型组织，并解决可能出现的挑战。

协同型组织能够更快地推动创新，因为它们鼓励员工跨部门合作、分享想法和尝试新方法。这种协同创新有助于企业更快地推出新产品或服务，以满足市场需求。

协同型组织的构建和管理需要长期的承诺和不断地努力。然而，一旦成功实施，它们可以为企业带来持久的竞争优势，提高创新能力，提升员工满意度，并提供更好的客户体验。通过遵循上述策略和实践，企业高管和决策层可以建立一个协同型组织，实现长期的成功。

（二）从事业共同体到使命共同体

在这个充满挑战和机遇的商业世界中，企业的定位和愿景不再仅仅局限于追求利润。越来越多的企业认识到，它们的使命超越了商业的本质，涵盖了社会和环境的责任。这种转变的核心概念是从“事业共同体”向“使命共同体”的演进，它不仅关注了股东的回报，还强调了为社会和地球创造积极影响的重要性。

长期以来，企业在商业世界中被定义为“事业共同体”。在这一传统模式中，企业的主要目标是追求经济价值、实现盈利，并将这些利润回报给股东。这一理念强调了企业的独立性，将其视为自主经营的实体，旨在在市场中获得竞争优势。然而，这种观念虽然为企业赚取利润提供了坚实的基础，但也伴随着一系列潜在问题。

第一，资源浪费。在事业共同体模式下，企业通常将资源的最大化视为首要目标。这种追求短期经济利益的方式可能导致了资源的浪费。下面更深入地探讨一下这个问题。

1.过度开采资源。事业共同体的企业常常面临迫切的盈利压力，可能会过度开采自然资源，如矿产、水源和森林。这不仅会导致资源的枯竭，还可能引发生态系统的破坏，危害生物多样性。

2.忽视可持续性。事业共同体企业往往忽视了可持续性的重要性，将短期利润放在长期可持续性之上。这可能对企业的长远发展和声誉带来负面影响。

第二，不公平分配。事业共同体模式的另一个问题是不平等的产生。在这一模式下，企业通常将股东价值最大化视为首要目标，这可能导致以下问题。

1.员工薪酬不平等。企业往往将大部分利润分配给股东，而员工的薪酬相对较低。这种不平等可能导致员工不满和团队协作困难。

2.社区贡献不足。事业共同体企业可能对当地社区的贡献较少，无法满足社会责任。这可能引发社会不满，进而给企业的声誉带来不利影响。

3.股东至上。股东的利益通常被放在首位，而其他利益相关者，如员工、供应商和社区，经常被忽视。这种以股东为中心的模式在今天的商业环境中受到越来越多的质疑。

第三，环境破坏。事业共同体的企业追求利润最大化，有时会导致环境遭到破坏。例如，可能给环境带来以下问题。

1.生态系统破坏。企业可能忽视其生产和运营对生态系统的影响，如森林砍伐、土地破坏和水资源过度使用。这可能导致生态系统的破坏和生物多样性的减少。

2.气候变化。一些事业共同体企业的碳排放量可能很高，会对气候变化产生负面影响。这可能引发可持续性和道德方面的担忧，对企业的声誉构成威胁。

3.污染物排放。一些企业可能会产生大量污染物，如化学废物和工业排放物。这会对周围环境和社区的健康造成危害。

这些问题凸显了事业共同体模式的局限性，促使企业重新思考其角色和责任。事业共同体正逐渐演化为使命共同体，强调更广泛的社会和环境责任，以实现更可持续和综合的商业目标。

这些问题在全球范围内引起了关注，导致了对企业社会责任的不断追求。企业逐渐认识到，仅仅关注短期经济利益不足以在今天的商业环境中生存和繁荣。因此，从事业共同体向使命共同体的演进成为一种必然的趋势。

使命共同体的经营模式不仅将经济目标列入议程，还将社会责任和环保责任视为企业的核心使命。企业开始认识到，它们可以在社会问题上发挥积极作用，同时实现经济成功。这种理念强调了企业与利益相关者之间的伙伴关系，包括员工、客户、社区和全球社会。

第一，社会责任。使命共同体企业将社会责任纳入其核心价值观，认识到它们对员工、社区和社会的影响不仅仅局限于经济层面。这意味着企业积极关心员工的福祉，提供安全和健康的工作环境，促进员工的职业发展和生活平衡。此外，企业也通过社区参与活动来回馈社会，支持教育、文化和慈善事业。通过这种方式，企业建立了更广泛的社会联系，树立了积极的品牌形象，吸引了更多社会关注，有助于提高顾客和投资者的忠诚度。

第二，环保责任。使命共同体企业将环保责任视为不可或缺的一部分。它们积极采取措施来减少对环境的负面影响，包括减少温室气体排放、提高

资源可持续利用率、减少废物的产生和采用环保技术。企业逐渐认识到，维护健康的自然环境对其长期发展至关重要。通过降低碳足迹、改善生产过程和采用清洁能源等举措，企业不仅减轻了其对地球的负担，还赢得了环保主义者和环保意识强的消费者的支持。这种环保责任不仅对企业的可持续性有益，还为其赋予了道德领导力。

第三，社会伙伴关系。使命共同体企业强调与各种利益相关者之间的积极伙伴关系。这包括与员工、客户、供应商、社区和非政府组织的紧密合作。通过建立积极的伙伴关系，企业可以更好地理解和满足各方的需求，创造共同的社会价值。例如，企业可能与供应商合作，确保其产品和服务符合可持续标准。或者与社区合作，共同解决当地社会问题。这种协作有助于企业更好地融入其经营环境，理解不同利益相关者的期望，并产生更广泛的社会影响。

第四，可持续性导向。使命共同体企业将可持续性视为长期成功的关键。它们不仅注重经济上的成功，还注重社会和环境的可持续性。这意味着企业需要更广泛地考虑其决策和行动的影响，确保它们对社会和环境的贡献是积极的。企业可能会制定可持续性目标，监测其进展，并积极参与可持续发展倡议。这种可持续性导向有助于企业建立长期战略，减少短期风险，并在不同市场条件下保持竞争优势。

企业必须克服文化、组织和战略层面的挑战，以实现真正的使命共同体。这一转变不仅有助于实现长期的商业成功，还有助于创造社会价值，使企业在竞争激烈的市场中脱颖而出。

PART 4

垂直型战略的精准选择

一、垂直型战略设计与实施

（一）只追求扩张的风险和陷阱

在商业世界中，扩张是一把“双刃剑”。它可以为企业带来巨大的机会，但同时也伴随着风险和陷阱。追求扩张的企业往往试图进入新市场、推出新产品或服务，或者通过收购其他公司来扩大规模。然而，如果不谨慎行事，盲目扩张可能导致企业陷入困境。

第一，市场选择的错误。市场选择错误可能成为企业扩张过程中的巨大风险。这种错误可能导致巨额损失，破坏企业声誉，甚至使整个扩张计划彻底失败。为了更全面地理解这个问题，下面深入探讨如何规避市场选择错误并将风险降到最低。

1.不完整的市场研究。企业在进入新市场之前，通常需要对该市场进行详尽的研究，包括消费者行为、竞争格局、法规和文化特点等方面。然而，一些企业可能出于时间或成本等考虑，做了不够充分的研究，导致对新市场的了解不足。麦当劳在印度市场的失败就部分源于他们未能充分理解当地人对食物的偏好，这在一定程度上可以归咎于不完整的市场研究。

为了规避这一风险，企业高管应确保在进入新市场之前进行全面的市场研究。这包括与当地专业机构合作，了解市场趋势，分析竞争对手，并详细了解目标消费者的需求。只有通过深入地研究，企业才能制定出精确的市场战略，降低市场选择错误的风险。

2.忽视文化和消费者需求。每个市场都有其独特的文化和价值观，而不同地区的消费者对产品和服务的需求也各不相同。企业如果不了解并适应当地的文化差异和消费者需求，就可能在新市场中遭遇挫折。麦当劳便是由于

未能适应印度人的饮食文化和宗教信仰，导致了初期的失败。

为了规避这一风险，企业应该进行文化调研，了解当地文化的细微差别，以确保自己的产品和服务与当地文化相符。此外，深入了解当地消费者的需求和习惯，可以帮助企业调整市场策略，更好地满足当地市场的需求。

3.不灵活的战略。市场选择错误还可能与不灵活的战略有关。一些企业可能过于自信，将自己的成功模式直接应用到新市场中，而不考虑当地的特殊情况。这种刚愎自用的战略可能导致市场选择错误，因为它们未能适应新市场的需求和变化。

凯尔派是一家全球著名的早餐谷物生产商，他们试图将其产品引入印度市场。然而，他们过于依赖全球化的市场策略，低估了印度消费者对传统早餐的喜好。凯尔派的一些产品在印度市场未能获得成功，因为它们未能符合当地消费者的口味和文化需求。这个案例便凸显了市场选择错误可能导致产品在新市场中无法获得认可和成功。

要规避这一风险，企业应保持战略的灵活性。他们应该快速调整战略，以适应新市场的反馈和变化。这可能需要在扩张初期进行小规模试验，以更好地了解新市场，并根据实际情况作出调整。

第二，忽视文化差异。忽视文化差异可能会带来一系列问题，这些问题可能对企业的扩张计划产生负面影响。以下是一些与文化差异相关的风险和陷阱。

1.错误的产品定位。如果企业未能理解并满足当地文化对产品的特殊需求或期望，他们的产品可能无法吸引当地消费者。这可能会导致销售不佳和市场份额的丧失。例如，可口可乐曾在中国市场推出一款口味过甜的饮料，未能适应中国消费者对清淡口味的喜好，导致销售不佳。

2.品牌形象问题。文化差异也可能影响企业的品牌形象。如果企业的广告、标志或口号与当地文化、价值观或信仰相冲突，可能会引发消费者反感。这种情况可能损害企业的声誉，并降低市场份额。例如，肯德基（KFC）在中

国市场曾使用“手指舔舐好味道”的广告口号，但这与中国文化中对餐桌礼仪的要求不符，引发了争议。

3.管理挑战。文化差异也会影响企业在当地招聘、培训和管理员工时的方式。企业可能会遇到领导风格、沟通方式和员工期望方面的挑战。如果未能适应当地文化，企业可能会面临员工不满、高员工离职率和团队合作问题。

4.沟通问题。文化差异还可能导致沟通问题。语言障碍、非语言沟通差异和不同的沟通风格可能会导致误解和沟通失败。另外，忽视文化差异还可能导致一系列问题，包括产品定位错误、品牌形象问题、员工管理挑战、供应链和法规问题等。为了避免这些风险和陷阱，企业应该在国际市场扩张前深入研究当地文化、价值观和消费者需求，并相应地调整他们的战略和运营方式。只有这样，企业才能成功地适应文化差异，提高他们在新市场中的竞争力。

第三，财务压力和资源分散。虽然扩张是为了增长，但过于急功近利的扩张可能导致财务压力和资源分散。为了避免过快扩张带来的风险和陷阱，企业高管需要谨慎评估扩张机会，确保公司具备足够的财务稳定性和资源来支持新市场的运营。同时，他们需要保持灵活性，能够根据市场变化迅速调整战略。过快的扩张可能会带来短期的增长，但长期的可持续性和成功需要更加谨慎和持久的战略规划。

第四，忽视竞争和监管。企业在扩张时，必须了解当地竞争对手和监管要求。这是因为忽视竞争和监管会让企业扩张面临很大的风险。

1.竞争风险。企业在新市场扩张时，必须充分了解竞争对手的情况。竞争格局可能在不同国家或地区差异巨大，一些市场可能被本地竞争对手占据，而另一些市场可能对外来竞争者敞开大门。如果企业未能正确评估竞争局势，可能会导致市场份额的损失和盈利能力的下降。

竞争风险还包括忽视市场定位和营销策略的重要性。企业需要确定如何在新市场中与竞争对手区分开来，吸引客户并建立品牌认知度。

2.监管风险。监管环境在不同国家和行业之间存在巨大差异。企业必须了解并遵守新市场的法规和规定，以确保其运营合法并且不受制裁。如果企业未能适应当地法规，可能会面临高额罚款、法律诉讼以及声誉受损的风险。

为了应对竞争和监管风险，企业在扩张前应进行充分的市场调查和尽职调查。这包括对竞争对手的分析，了解市场的法规和规定，以及与当地政府和监管机构的积极沟通。

企业还应该在扩张策略中纳入风险管理机制。这可能包括制订合规计划、培训员工以确保他们了解法规、寻找合作伙伴以帮助应对当地挑战等。

最重要的是，企业高管必须对新市场的竞争和监管环境保持警惕，不断监测变化，迅速作出调整和应对。只有综合考虑了竞争和监管风险，才能更好地实现扩张战略的成功并确保长期可持续的增长。

（二）从横向扩张到垂直细分

在当今竞争激烈的商业环境中，企业高管和决策层必须不断思考如何实现可持续地增长和竞争优势。横向扩张和垂直细分是两种广泛讨论的战略路径，它们各自有着独特的优势和风险。

第一，横向扩张：探索新的市场和产品领域。

横向扩张是企业常用的增长策略之一，它涉及进军新的市场或产品领域，通常通过收购、合并或推出新产品线来实现。这种战略可以迅速扩大企业的市场份额，提高收入，并在短期内实现增长目标。然而，横向扩张也伴随着一些潜在的风险，这些风险需要企业高管和决策者充分了解和权衡。

1.集成挑战。横向扩张可能需要整合新获得的业务或产品线，使其与公司的现有运营相协调。这种整合过程可能会面临复杂性和困难，特别是在文化、流程和系统方面。如果集成不当，可能会导致资源浪费、冲突和效率下

降。案例研究如谷歌收购摩托罗拉移动，以失败告终，部分原因就在于集成挑战。

2.市场风险。进入新市场意味着不熟悉竞争环境和客户需求。企业可能低估了新市场的挑战，从而导致未能达到预期的增长。为了减轻市场风险，企业必须进行充分的市场研究和尽职调查，以了解新市场的特点和潜在问题。例如，当eBay进入中国市场时，他们未能适应当地的电子商务竞争环境，最终退出了中国市场。

3.资金压力。横向扩张通常需要大量的资本投入，包括并购成本、新市场的开发费用以及集成和营运的支出。这可能会对企业的财务状况产生负面影响，特别是如果扩张未能按计划实现回报。管理好资金流动是确保成功扩张的关键。

4.品牌风险。当企业进入新的市场或领域时，他们的品牌可能面临挑战。新产品线或新市场的表现可能会影响到企业整体品牌声誉。因此，企业必须小心地考虑如何保护和维护其品牌声誉。

5.竞争应对。扩张通常会引起现有竞争对手的注意，可能触发竞争激烈化。竞争对手可能采取反击措施，如价格战或更激烈的市场竞争，从而对企业的市场地位产生负面影响。企业必须准备好应对竞争对手的挑战，保持竞争优势。

横向扩张是一种有潜力的增长策略，但它不是没有风险的。企业高管和决策者在采用这一战略时，应仔细评估与之相关的风险，并制订适当的计划来减轻这些风险。同时，灵活性和适应能力也是确保横向扩张成功的关键要素，企业必须快速调整战略以适应新的挑战。通过深入了解并权衡风险，企业可以更好地利用横向扩张战略，实现长期增长和成功。

Facebook便展示了如何通过横向扩张塑造他们的商业模式。最初，Facebook专注于社交媒体平台的发展，但随着时间的推移，他们通过收购Instagram、WhatsApp和Oculus等公司，拓展了其业务范围。这种横向扩

张战略使Facebook成为全球最大的社交媒体公司之一，但也引发了一系列监管和隐私问题。

亚马逊的经营也展示了横向扩张的威力。起初，亚马逊是一家在线书店，但后来他们不仅进军了电子商务领域，还成为云计算和物流领域的“巨头”。亚马逊通过横向扩张战略不断增加了其市场份额，但也引发了竞争激烈和监管压力。

横向扩张的优势在于能够快速扩大市场份额，实现短期内的增长目标。然而，这种战略也伴随着高风险，可能导致监管问题、整合困难以及资源过度分散。

第二，垂直细分：深入挖掘市场细分和增值链。

1.风险分散。垂直细分战略可能会导致企业在某个市场细分或供应链环节上过于依赖，从而增加了风险。如果该市场或环节面临问题，企业可能会受到重大冲击。因此，风险分散仍然是一个值得考虑的重要因素。

2.持续创新。为了保持在特定市场细分中的竞争优势，企业需要不断创新，满足客户不断变化的需求。这可能需要投入更多的研发和市场营销资源，以确保产品或服务的持续吸引力。

苹果是垂直细分战略的杰出代表。他们掌握了从硬件制造到操作系统、应用程序和零售的整个价值链。这种垂直一体化模式使得苹果能够提供高度集成的产品和无与伦比的用户体验，从而在市场上取得了竞争优势。

垂直细分战略可以为企业带来高利润和持续增长的机会，但同时也伴随着一系列潜在挑战。企业在选择和实施这一战略时，需要仔细权衡风险和回报，并制订相应的计划来解决可能出现的问题。成功的垂直细分战略需要企业高管和决策者具备敏锐的市场洞察力和灵活性，以适应不断变化的市场需求和竞争环境。

二、“小而美”的聚焦魔力

（一）“小而美”战略的优势

在当今竞争激烈的商业环境中，企业成功的秘诀正在不断演变。传统观念中，规模通常被认为是企业成功的关键因素之一，大公司往往被认为在市场上占据主导地位。然而，随着时间的推移，我们开始看到一个令人瞩目的趋势——一些小型企业以其独特的“小而美”的战略取得了惊人的成功。

“小而美”是一种精神和方法的体现。它强调专注、精细化、敏捷性和客户至上的理念，核心在于专注。这个概念强调了企业的能力，即将有限的资源、时间和精力集中在核心领域，以实现最大的价值和影响力。与传统观念相反，这不是一场规模竞赛，而是在有限领域内做到极致的竞争之道。

在“小而美”的世界中，企业不再试图一统天下，而是选择在有限领域内脱颖而出。这种专注力使它们能够更深入地了解市场和客户需求，更灵活地适应变化，并更容易实现创新。这一理念的关键在于识别并优化核心竞争力，使企业能够在其擅长的领域内崭露头角。

日本的时尚品牌优衣库，以其对品质和基本服装的专注而闻名。优衣库并没有涉足过多的领域，而是将其精力集中在基础服装上，如T恤、牛仔裤和羽绒服。这种专注使其能够提供高品质的基础服装，吸引了一大批忠实顾客。

Whole Foods Market（全食超市）是美国一家以有机和天然食品为主的连锁超市。该公司的核心策略是专注于提供高品质的有机产品，与供应商建立深厚的关系，并将其文化融入公司的经营理念。通过专注于特定类型的产品，Whole Foods Market成功地吸引了健康食品爱好者，并在市场上建立了独特的地位。

LVMH酩悦·轩尼诗–路易·威登集团是法国的奢侈品集团，旗下拥有众多著名品牌，如路易威登、迪奥和香奈儿。虽然该集团规模巨大，但其成功的关键在于将资源和注意力集中在奢侈品领域。LVMH专注于提供高端奢侈品，不断投资于创新和品质，这使得它在全球奢侈品市场上保持了卓越的地位。

这些国际知名企业的案例彰显了"小而美"的竞争之道。它们成功地将资源聚焦在特定领域，深化了在这些领域内的专业知识，从而在市场上占据了独特的地位。

在快速变化的商业环境中，灵活性是一项关键的竞争优势。小型企业通常更具灵活性，能够更快速、更有效地适应市场的变化。

此外，小型企业通常能够更快速地识别和应对风险，减轻潜在的损失。它们能够在市场动荡时更迅速地作出决策，减少不确定性。例如，一家小型新创企业可以更容易地调整产品线，以适应新的市场趋势，而不会受到巨大的资本和组织结构的拖累。

与大型企业相比，小型企业通常更容易建立亲密的客户关系，这也是一个强大的竞争优势。

尽管"小而美"的企业在许多方面具有明显的优势，但它们也面临着一些特定的挑战，这些挑战可能会影响其长期成功。

第一，资源限制。小型企业通常拥有有限的资源，包括资金、人力资源和市场影响力。这可能会限制它们在市场上的增长和竞争能力。在面对大型竞争对手时，资源限制可能会成为一项重要的挑战。不过，小型企业可以通过精细的财务管理和战略合作来克服这些限制。

第二，竞争压力。小型企业可能面临来自大型企业的竞争压力，后者通常拥有更多的资源和市场份额。如何与大型竞争对手竞争并保持独特性，是一个需要认真考虑的问题。这可能需要小型企业专注于细分市场、提供个性化服务，或者不断创新以满足客户需求。

第三，可持续性问题。随着社会对可持续性和环保问题的关注不断增加，小型企业需要确保其业务模式和运营符合可持续性标准。这包括减少碳排放、资源可持续利用和采用环保技术。对可持续性的关注不仅来自监管要求，还来自消费者和投资者的期望。小型企业需要积极应对这一挑战，以保护其品牌声誉和市场地位。

尽管面临挑战，“小而美”的战略在未来仍具有巨大的前景。这种战略的持续成功取决于企业的能力适应变化并灵活应对挑战。

第一，精细化竞争。小型企业可以继续利用其精细化的竞争优势，专注于核心业务领域并提供卓越的产品或服务。这种专注可以帮助它们在特定市场中建立强大的地位，迅速吸引客户和投资者。

第二，创新驱动。小型企业通常更容易在创新方面保持灵活性。它们可以更快速地推出新产品和服务，满足市场需求，以及积极应对新技术和趋势。这种创新精神使小型企业有机会在不同领域实现增长。

第三，合作和联盟。面对资源限制，小型企业可以通过建立合作关系和联盟来共享资源和市场渠道。这种合作可以为它们提供更大的竞争力和可持续性。

第四，可持续性和社会责任。小型企业可以通过积极参与可持续性和社会责任问题，提高其品牌声誉，吸引更多的消费者和投资者。这不仅符合社会期望，还有助于建立长期的商业成功。

“小而美”的企业战略在当今竞争激烈的商业环境中具有重要地位。它们尽管面临挑战，但通过专注、创新和可持续性努力，仍然可以取得成功。在未来，小型企业将继续在不同行业中发挥其聚焦魔力，吸引客户、投资者和消费者的关注，推动商业和社会的进步。

（二）纵向发展中的取舍之道

在不断变化的商业世界中，企业不得不考虑如何保持竞争力和实现持续增长。在这个过程中，纵向发展成为一种备受关注的战略选择。纵向发展涉及企业在垂直供应链上的扩展，这可以包括向上游供应商或向下游分销商的延伸，以获取更多的市场份额、掌握更多的供应链环节或提供更完整的解决方案。

纵向发展是一种战略决策，企业在这个过程中决定将其经营范围扩大到其供应链的不同环节，以实现多样化的目标。这可能包括：

第一，向上游供应链的扩展。这意味着企业向其原材料供应商或制造商的方向扩展。这可以帮助企业更好地控制供应链的质量和可靠性，减少生产风险，并确保及时的原材料供应。

第二，向下游分销的扩展。这意味着企业向其产品或服务的最终用户的方向扩展。通过直接与客户互动，企业可以更好地了解市场需求，提供更好的客户支持，并增加品牌认知度。

纵向发展并非一帆风顺。它需要企业在各个环节作出关键决策，并在资源、风险、客户关系和可持续性等方面进行权衡。

第一，纵向发展的动机。企业选择进行纵向扩展的决策背后有多个动机，这些动机不仅驱使着企业不断尝试，还影响着其竞争策略和市场地位。

1.获得更多市场份额。一项主要动机是通过向供应链的不同环节扩展来获取更多市场份额。这可以通过吸引新的客户群体或提供不同层次的产品和服务来实现。以亚马逊为例，该公司最初是一家在线书店，但随着时间的推移，它逐渐扩展到各种产品和服务领域，包括电子书、云计算、媒体流媒体等，从而成为全球最大的在线零售商之一。

2.掌握供应链。另一个纵向扩展的动机是更好地掌握供应链。通过向上游供应链扩展，企业可以更好地控制原材料的质量、供应的可靠性和生产的

效率。苹果便是以对硬件制造商的严格管理而著称，这有助于确保产品的质量和交付的准时性。

3.提高产品质量。纵向扩展还可以有助于提高产品或服务的质量。企业可以通过内部控制来确保产品符合其标准，而不依赖外部供应商或分销商。例如，特斯拉将电动汽车制造的关键环节纳入了自己的控制之下，以确保其汽车的性能和安全性。

4.提高竞争力。通过在供应链中的更多环节参与，企业还可以增强自身的竞争力。这使得其他竞争对手更难以进入市场，因为他们需要克服更高的准入障碍。这种情况在药物制造行业中很常见，其中制药公司通常拥有自己的研发、制造和分销部门。

第二，纵向发展的战略。在纵向扩展过程中，企业必须仔细考虑采取何种战略来实现其目标。

1.垂直整合。垂直整合是一种常见的纵向扩展战略，企业通过内部控制和拥有供应链中的多个环节来实现增长和控制。这种战略使企业能够更好地协调生产、提高效率并减少成本。例如，沃尔玛（Walmart）采用了垂直整合战略，通过拥有自己的分销中心、私有品牌和物流网络，提供高效的供应链管理，降低了成本并提高了竞争优势。

2.合资企业。合资企业是企业与其他公司合作，共同经营一个业务领域。这种战略可以降低风险、分享资源并提供市场准入机会。例如，丰田与斯巴鲁合资开发了一系列汽车，这使它们能够分享研发成本、减少风险并进入新市场。

3.战略联盟。战略联盟是企业与其他公司建立合作伙伴关系，以共同追求特定的目标，如研发新产品或进入新市场。这种战略可以扩大企业的市场份额、国际业务，增强企业的创新能力。例如，谷歌与手机制造商建立了Android操作系统的战略联盟，从而在智能手机市场占据了重要地位。

在纵向发展的战略选择方面，企业必须谨慎权衡优势和风险，并根据其

特定目标和市场情况作出明智的决策。

纵向扩展不仅仅是一项战略决策，还涉及投入大量资源的考虑。

对于企业高管和决策层来说，成功的纵向扩展是一个复杂而富有挑战性的过程。在作出决策时，需要充分了解市场、竞争环境和内部资源。此外，与利益相关方的积极互动以及对可持续性和社会责任的承诺也是至关重要的。

展望未来，企业将继续面对快速变化的市场和全球挑战。纵向扩展可能是实现增长和成功的关键策略之一，但它需要谨慎地规划和执行。

通过权衡不同的因素、保持敏锐的战略眼光，以及坚定地执行战略，企业可以在纵向扩展中找到成功的道路，并在不断变化的商业环境中蓬勃发展。这是一个充满机遇和挑战的旅程，但对于有远见和决心的企业来说，它将带来长期的成就和影响力。

PART 5

商业模式创新的三大成功标志

一、能否为客户提供“他无我有”的价值

从风靡社交媒体的初创企业到已经在市场上站稳脚跟的传统行业巨头，无论企业规模如何，都面临着客户不断变化的需求和期望。在这个数字化时代，客户拥有前所未有的信息和选择权，这使得企业必须不断创新、提高效率、加强客户关系和提供卓越的产品和服务。然而，实现这一目标并非易事，需要企业管理者的深思熟虑和创新思维。

独特的产品和服务是企业赢得客户的首要方式之一。通过了解客户需求和偏好，企业可以提供个性化的服务。亚马逊是一个突出的例子，它通过智能推荐系统和快速便捷的交付服务，为客户提供了个性化的购物体验，使其成为在线零售的管理者。

第一，客户体验的创新。客户体验的创新在当今竞争激烈的商业环境中变得至关重要。企业意识到，提供独特的客户体验不仅仅是一种额外的奢侈，更是一个关键的竞争优势。这一章将深入探讨客户体验创新的重要性，以及一些国际知名企业如何成功地通过客户体验的创新来吸引和保留客户，为他们提供“他无我有”的价值。

爱彼迎提供了一种与传统酒店不同的旅行体验。它允许客户像当地人一样生活，而不是像游客。通过在世界各地提供独特的住宿选择，包括公寓、别墅和树屋，客户可以融入本地社区，与本地人互动，体验本地文化和生活方式。这种本地体验为客户提供了一种独特的旅行体验，使他们更深入地了解了目的地。

为了提供一致的客户体验，企业需要确保其品牌在所有渠道和接触点上都保持一致。这包括品牌形象、声音、信息传达和文化价值观。例如，苹果以其简洁、现代和高端的品牌形象为客户提供一致的体验，无论是在其产品

的设计中，还是在其零售店的布局和服务中，都能感受到这一品牌的一致性。

同时，建立情感连接是客户体验的关键。客户愿意与那些能够理解并满足他们需求的企业建立更紧密的关系。通过与客户建立真诚的关系，回应他们的需求和关切，企业可以赢得客户的信任和忠诚。例如，宜家家居以其对环保和社会责任的承诺建立了与客户之间的情感连接，客户购买宜家的产品不仅是因为它们的质量和价格，还因为他们支持宜家的价值观。

除此之外，随着数字技术的不断发展，客户体验也在不断演变。企业需要利用移动应用程序、社交媒体和虚拟现实等工具，为客户提供创新的数字化体验。例如，迪士尼通过推出“迪士尼+流媒体”服务，为客户提供了一个数字化的娱乐平台，让他们可以在任何时间、任何地点享受到迪士尼的内容。这种数字化体验为客户提供了更多的选择和便利，使他们感到特别。

第二，个性化和定制。以网飞、耐克和亚马逊等企业为例，探讨它们是如何借助数据和技术，为每位客户提供独特的体验和产品。

网飞以其个性化的内容推荐而闻名。通过分析用户的观看历史和偏好，网飞能够为每位用户提供个性化的电影和电视节目建议。这不仅提高了客户的满意度，还增加了他们留在平台上的时间。

耐克通过“Nike ID”等定制服务，允许客户根据自己的需求和风格定制鞋类和服装。这种个性化的选择使客户感到特别，并建立了一种情感联系，远远超越了简单的交易关系。

亚马逊通过其强大的人工智能和机器学习系统，不仅向客户提供了个性化的购物建议，还能够预测客户可能感兴趣的产品。这种个性化购物体验使客户感到被理解和照顾。

尽管个性化服务带来了明显的好处，但企业必须平衡个性化和数据隐私之间的关系。透明地告知客户数据的收集和使用方式，以及为其提供控制权，对于建立信任至关重要。一些企业会通过与客户互动，了解其需求，并提供与个人品牌相一致的内容和产品。

在当今竞争激烈的商业环境中，为客户提供独特的、无与伦比的价值已经成为企业的首要任务。这不仅仅是为了在市场上脱颖而出，还是为了满足客户的需求和期望。企业可以通过创新、个性化、品牌建设和可持续性这些关键因素来实现这一目标，为企业在今天的市场中脱颖而出奠定基础。

第一，创新是关键。在提供“他无我有”的价值方面，创新是不可或缺的因素。企业需要不断寻求新的方法来改进产品和服务，以满足客户不断变化的需求。通过不断地推陈出新，企业可以保持竞争优势，并在客户心目中建立声誉。

第二，个性化是关键。每位客户都是独一无二的，因此个性化成为提供价值的重要途径。企业应该通过数据分析和客户反馈来了解客户的需求和偏好，并根据这些信息为他们提供个性化的体验。这种个性化可以在产品定制、定价策略、营销活动等方面体现出来。

第三，品牌建设是关键。建立强大的品牌是吸引客户的关键。客户更愿意与那些他们信任和认可的品牌合作。因此，企业需要在品牌形象、声誉和文化方面投入精力，以确保客户对他们有信心，并愿意与他们建立长期的关系。

第四，可持续性是关键。在提供价值的同时，企业还需要关注可持续性和社会责任。现代消费者越来越关心企业的可持续性实践，包括环保、社会公平和道德经营。企业应该积极参与可持续性倡议，并将可持续性纳入他们的核心价值观和业务实践。

在今天的商业世界中，企业不仅仅是为了盈利而存在，还要为客户、社会和环境创造价值。通过创新、个性化、品牌建设和可持续性，企业可以实现这一目标，为客户提供真正独特的价值，建立可持续的竞争优势。企业高管和决策层应该积极采纳这些策略，并将它们融入他们的战略规划和日常运营中，以确保他们能够在今天的市场中脱颖而出。这不仅对企业自身有利，还有助于建立更加繁荣和可持续的商业生态系统。

二、能否为竞争对手设置模仿门槛

在当今激烈竞争的商业世界中，企业成功不仅仅取决于其产品或服务的高质量，还取决于能够为竞争对手设置模仿门槛。模仿门槛是指企业通过其创新、战略和品牌优势，使其他企业难以复制。

第一，创新的威力。创新是企业在竞争中脱颖而出的利器，它能够为竞争对手设置几乎无法逾越的模仿门槛。当企业能够在产品、服务或业务模式上实现独特的创新时，它们不仅能够吸引客户，还能够防止竞争者轻松模仿。

作为一个杰出的例子，苹果公司凭借其创新性的产品，如iPhone、iPad和AppleWatch，深刻地改变了消费者的生活方式和期望。其中的关键在于苹果的创新策略，它不仅仅是产品功能的改进，更是对整个生态系统的不断优化。苹果将硬件、操作系统、应用商店和云服务相互整合，创造出顺畅的用户体验，这对竞争对手来说难以模仿。这种高度集成的生态系统不仅提高了用户满意度，还锁定了客户，使他们更倾向于继续使用苹果产品，因为在换成其他品牌时会失去这种一体化体验。

1.研发的投入。苹果还以其大规模的研发投入和创新文化闻名。每年数十亿美元的研发预算确保了公司在技术和设计领域的领先地位。这种持续的创新意味着苹果产品通常在市场上首次亮相时就带来了巨大的竞争优势，让其他竞争对手望而却步。

2.设计的精湛。苹果的设计也是其创新的关键。其产品不仅在功能上出众，还以其独特的外观和用户友好性而脱颖而出。这种设计精湛使苹果产品成为一种文化象征，客户购买它们不仅是因为其功能，还因为其品位和个性。

苹果的创新和设计不仅仅具有技术性，还具有艺术性。其他企业除了要复制技术外，还需要复制文化、设计哲学和用户体验，这几乎是不可能完成

的任务。因此，苹果通过创新为自己设置了几乎无法逾越的模仿门槛，这让它一直保持着竞争优势。

第二，品牌的塑造。品牌塑造是为竞争对手设置模仿门槛的关键因素之一。建立一个强大的品牌，需要更多的是情感投入，而不仅仅是资金投入。品牌不仅仅是一个企业的标识符，它代表着一种文化、一种价值观，以及与客户之间的情感联系。

以可口可乐为例，我们可以看到品牌塑造的杰出示范。可口可乐不仅仅是一种碳酸饮料，还是一种文化现象，是与欢乐、友谊和共享有关的象征。可口可乐通过广告、文化活动和社会影响力，将自己塑造成了全球最具知名度和价值的品牌之一。这个过程需要几十年的时间，但一旦树立起来，品牌价值就难以超越。

1.品牌与情感联系。品牌不仅仅是产品的标签，更是与客户之间建立情感联系的媒介。可口可乐的广告常常强调欢乐、团聚和友情，这种情感共鸣使得客户更容易与品牌产生深刻的情感联系。这使得其他竞争对手很难在短时间内复制这种情感。

2.社会影响力。一些品牌通过积极参与社会问题和慈善事业来增强其品牌价值。可口可乐通过支持环保项目、教育计划和体育赛事等方式，将自己与社会责任联系在一起。这种社会影响力不仅提高了品牌的声誉，还为竞争对手设置了更高的门槛。

要复制一个建立了多年的品牌并不容易。竞争对手需要追赶的不仅仅是市场份额，还有情感联系和文化认同。这需要更多的时间和资源，并且很难成功。

第三，技术的引领。在数字化时代，技术的引领地位尤为重要。企业如果能够领先于竞争对手采用新技术，就能够为其设置模仿门槛。技术不仅仅是一个工具，还可以成为企业创新和发展的关键。

亚马逊是一个技术领域的典范。其云计算服务Amazon Web Services

（AWS）已经成为全球领先的云服务提供商之一。AWS的成功并不仅仅在于提供了可靠的云基础设施，更在于其不断创新的服务和技术，如人工智能、大数据分析和物联网。通过AWS，亚马逊为企业提供了强大的工具，帮助它们在数字化转型中保持竞争力。这种技术引领的优势使得其他竞争对手很难迎头赶上。

企业需要投资于技术和数字化战略，以确保自己在市场上的竞争地位。这包括研发新技术、采用先进的数字工具和建立敏捷的技术团队。技术不仅仅是IT部门的责任，它还贯穿于整个企业的运营和战略决策中。

技术领先的企业设置了模仿门槛，因为其他竞争对手需要花费大量时间和资源来迎头赶上。这不仅仅是技术的问题，还包括培训员工、改变业务流程和适应新文化的挑战。因此，技术引领的企业更容易在市场上保持竞争优势。

第四，战略智慧。企业的战略选择也可以帮助它们为竞争对手设置模仿门槛。通过巧妙的市场定位、合理的定价策略和战略性收购，企业可以创造难以逾越的壁垒。战略是企业成败的关键，因为它影响着企业在市场上的定位和竞争优势。

迪士尼公司是战略智慧的杰出典范。它通过战略性的收购，如皮克斯动画（Pixar）、漫威漫画（Marvel）和卢卡斯影业（Lucasfilm），以及主题公园和娱乐内容的整合，构建了一个多元化的媒体帝国。这使得竞争对手难以模仿，因为迪士尼拥有独特的知识产权和品牌内容。此外，迪士尼的市场定位和品牌形象也使其在全球范围内成为消费者的首选。

1.市场定位和定价策略。企业可以通过巧妙的市场定位来脱颖而出。通过满足特定消费者群体的需求，企业可以建立起一种忠诚的客户基础，使竞争对手难以渗透。合理的定价策略也是关键，因为它可以反映产品或服务的价值，从而为企业创造溢价和利润。

2.战略性的收购和整合。企业可以通过战略性的收购来提高其市场地位。

然而，这种收购必须与企业的核心战略和文化相一致。迪士尼的收购就是一个成功的范例，因为它将不同的品牌和内容整合到一个有机的整体中，从而创造了协同效应。

投资者和消费者越来越关注企业的可持续性实践。可持续性报告和道德投资成为投资决策的一部分。因此，企业如果能够在这方面取得成功，将吸引更多的投资和客户，同时为竞争对手设置模仿门槛。

三、能否基于企业自身实际获取利益

企业需要明确定义其核心竞争力，在追求盈利和增长的同时，要确保企业的行动和决策基于企业自身的实际情况和核心利益。这既涉及内部资源的最大化利用，又需要在外部竞争中找到差异化的机会。这可能是企业特有的技术、独特的市场地位、品牌声誉、客户忠诚度或其他方面。

特斯拉以电动汽车和可再生能源技术而闻名。其核心竞争力之一是在电动汽车领域的领先地位。特斯拉在电池技术、电动车设计和自动驾驶技术方面取得了显著的突破，使其产品在市场上独具竞争力。

特斯拉的创新不仅仅体现在技术上，还体现在产品的实际应用上。例如，特斯拉的电动汽车不仅具有卓越的性能和续航能力，还将可再生能源集成到其生态系统中，如太阳能屋顶和Powerwall储能系统。这种综合性的解决方案不仅满足了客户对高效能源利用的需求，还增加了特斯拉产品的吸引力。

特斯拉还通过建设超级充电站网络，解决了电动汽车充电的问题。这一举措不仅提高了电动车的实用性，还为特斯拉创造了一个独特的优势，因为其他竞争对手尚未能够建立类似的充电基础设施。

特斯拉将创新视为其文化的核心。公司的创始人埃隆·马斯克一直在鼓励员工不断寻求改进，并将创新置于企业的前沿。这种创新文化有助于特斯拉保持在电动汽车和可再生能源领域的领先地位。

通过特斯拉的案例，可以看到创新如何与核心竞争力相辅相成。企业高管不仅要投资于创新技术，还要将这些技术与企业的核心竞争力相结合，以实现市场领导地位和持续的盈利。

第一，持续改进和成本控制。成本控制和效率提高也是企业获取利益的重要组成部分。日本的丰田汽车公司以其精益生产原则而闻名，该原则旨在

最大限度地减少浪费并提高生产效率。这包括减少库存、降低生产成本、提高产品质量以及提高员工的生产效率。通过精益生产，使得丰田能够在市场上获得竞争优势，并将成本节省的好处传递给客户。企业高管应该关注资源的最大化使用，以确保企业在成本管理方面表现出色。

1.持续改进文化。丰田建立了一种文化，鼓励员工不断提出改进意见。这种文化促使每个员工都积极参与改进生产流程，寻找降低成本和提高效率的方法。这种精神使得丰田能够快速适应市场变化，同时减少了不必要的开支。

2.供应链优化。丰田还通过优化供应链管理来控制成本。公司与供应商建立了密切的合作关系，确保零部件的供应能够按时到达，同时降低了库存和运营成本。这种供应链的高效管理有助于丰田降低生产成本，从而向客户提供更有竞争力的价格。

3.质量管理。丰田对产品质量有着极高的要求，这有助于降低售后服务和维修成本。通过确保产品在生产过程中的质量，丰田减少了不合格品和召回的风险，同时提高了客户满意度。

4.环保责任。丰田也积极推动环保责任。公司开发了混合动力和电动汽车技术，这不仅有助于降低燃油消耗和排放，还吸引了注重环保的消费者。这种环保责任有助于提高品牌声誉，并促使客户选择丰田的环保车型。

第二，客户导向和市场反馈。企业的成败往往与其是否满足客户需求密切相关。企业高管需要与客户互动，倾听他们的需求，并根据市场反馈进行调整，以确保企业的产品和服务满足客户的期望。

客户导向和市场反馈对企业的成功至关重要，我们可以通过深入研究谷歌的案例来进一步理解这一点。

1.用户导向的产品改进。谷歌一直以用户为中心，致力于提供最佳的搜索体验。通过分析海量的搜索数据，谷歌不断改进其搜索算法，以确保用户能够快速找到所需的信息。这种持续的用户导向方法使得谷歌在搜索领域保持了长期的领先地位。企业高管应该学习谷歌的方法，不断优化产品和服务，

以满足客户的需求，提高客户满意度。

2.市场反馈与产品创新。谷歌还通过聆听市场反馈来进行产品创新。例如，根据市场需求，谷歌推出了各种产品和服务，如Google Maps、Google Docs和Android操作系统。这些产品不仅满足了客户的需求，还开辟了新的市场机会。企业高管应该积极与市场互动，了解市场趋势和客户反馈，以指导产品创新和战略决策。

3.客户关系的重要性。谷歌注重建立良好的客户关系。虽然搜索引擎是其主要产品，但谷歌还通过电子邮件、云计算服务和广告平台等多个渠道与客户互动。这种多渠道的客户互动有助于谷歌保持与客户的紧密联系，并不断改进其产品和服务。企业高管应该认识到客户关系的价值，投资于建立强大的客户关系管理系统，并确保客户的需求得到及时满足。

通过谷歌的案例，可以看到客户导向和市场反馈有助于企业保持竞争优势和持续创新。企业高管需要将客户需求置于战略决策的核心位置，并建立一种文化，鼓励员工积极倾听市场反馈，以确保企业能够在竞争激烈的市场中脱颖而出。

第三，风险管理和战略决策。企业在获取利益时需要审慎管理风险。埃克森美孚（ExxonMobil）作为一家全球性的能源公司，面临着市场波动、政治风险和环境法规等多种风险。通过制定战略决策来管理这些风险，埃克森美孚公司在不稳定的市场中取得了长期成功。企业高管需要不断评估风险，并制定适应性战略。

风险管理和战略决策是企业获取利益的关键要素，埃克森美孚公司的经验可以提供有益的启示。

1.综合风险管理。埃克森美孚公司在全球范围内经营，面对包括原油价格波动、地缘政治不稳定、环境法规和气候变化等多种风险。埃克森美孚公司为此采用了综合的风险管理战略。这包括建立高度分散的能源资产组合，以减轻价格波动的影响，与国家政府和利益相关者合作以降低政治风险，以

及投资于清洁能源技术以应对气候变化压力。企业高管可以学习和借鉴埃克森美孚公司的管理方法，确保风险管理是战略决策的核心部分。

2.持续的风险评估。埃克森美孚公司通过持续的风险评估来保持对市场和环境的敏感性。这包括监测原油价格趋势、全球政治动态和新的环境法规。这种敏感性使埃克森美孚公司能够快速调整战略，以适应变化的环境。企业高管需要建立强大的情报和风险评估团队，确保企业能够在不断变化的市场中保持竞争优势。

3.长期战略规划。埃克森美孚公司的长期战略规划有助于应对风险并实现持续的利润增长。该公司致力于不断寻找新的能源资源，并投资于技术创新，以提高生产效率。这种长期战略规划有助于埃克森美孚公司在竞争激烈的能源市场中稳定地运营。企业高管应该将长期战略规划置于战略决策的前沿，并确保企业具备应对未来挑战的能力。

通过埃克森美孚公司的案例，我们可以了解到正确的风险管理和战略决策如何有助于企业在不稳定的环境中实现利益最大化。企业高管需要建立灵活的战略，不断监测市场和环境的变化，并确保风险管理是战略规划的核心组成部分，以确保企业的长期成功。

企业高管和决策层需要在制定战略和决策时平衡这些要素，以确保企业能够实现长期可持续的成功，并为股东、员工和社会创造价值。

PART 6

长尾式商业模式的巧妙运用

一、长尾式商业模式定位与架构

（一）少量多样的颠覆力

企业的生存和成功往往与其颠覆性创新能力息息相关。然而，一个引人注目的趋势是，越来越多的企业倾向于采用“少量多样”的策略，而非过去的“大而全”。

随着市场的复杂化和消费者需求的多样化，企业逐渐认识到，过度分散资源可能不再是明智之举。相反地，专注于核心业务领域能够带来更大的效益。例如，谷歌母公司Alphabet Inc.采用了这一策略，将其多元化的业务（如自动驾驶汽车和智能家居设备）分拆成独立的子公司，以便更好地集中精力和资源于搜索引擎和在线广告等利润丰厚的核心领域。这种精耕细作策略使谷歌能够更专注于创新，提高产品质量，并更好地满足用户需求。

网飞在内容战略上的精耕细作也是其成功的核心。该公司少量但深度投资于原创内容，如《纸牌屋》和《怪奇物语》，这些独特的系列吸引了全球观众的关注。相比之下，传统电视网络通常会生产大量的节目，希望其中一些会成功。网飞的策略是专注于制作高质量的原创剧集，以吸引各种观众，从而在市场上占据主导地位。这种精准的内容投资使网飞能够为订阅者提供多样化的选择，从而保持其竞争优势。

在多元化创新方面，有些企业已经开始鼓励员工采用多样化的思维方式，以激发创新。像3M这样的企业一直以来都在推崇多元化创新，并实施了一项称为15%时间的政策，鼓励员工将工作时间的一部分用于自主项目。这种策略使3M能够涌现出各种创新产品，包括便签贴纸和防护口罩等。通过从不同领域和背景的员工那里获取创新想法，企业能够更好地满足多样化的市场需

求，并在不同领域建立竞争优势。

特斯拉以其专注于电动汽车的战略脱颖而出。与其他汽车制造商相比，他们没有分散资源投资于传统燃油车型，而是专注于电动汽车市场。这种专注使他们能够在电动汽车技术和市场上取得领先地位。特斯拉的电动汽车，如Model S和Model 3，不仅在性能上卓越，还在电池技术和自动驾驶方面领先。他们通过精益的研发和市场推广策略，成功地改变了汽车行业，并将电动汽车带入主流市场。这个案例强调了在特定领域的专注如何有助于企业实现颠覆性的成功。

这两个案例都展示了企业如何通过专注于核心领域，精心投资和创新，来实现在市场上的领导地位。这些策略不仅帮助企业提供高质量的产品和服务，还使他们能够颠覆传统行业，满足不断变化的市场需求。这强调了“少量多样”的战略的价值，即专注于关键领域，同时保持多样性，以便更好地应对不确定性和市场变化。

少量多样的战略虽然有潜在的优势，但并不意味着没有风险。企业必须仔细权衡资源分配和潜在回报。在精耕细作和专注于核心领域的过程中，企业可能会错过一些新兴市场或机会。此外，精细化的战略可能使企业对特定市场或产品线过于依赖，从而增加了市场波动的风险。因此，企业高管需要在追求少量多样战略时，进行深入的风险评估和规划，以确保资源的最大化利用和风险的最小化。

第一，专注核心竞争力。少量多样的成功之道包括专注于企业的核心竞争力。企业必须清楚了解自身独特之处，并将资源有针对性地用于真正重要的领域。这涉及战略规划和资源分配的关键决策。例如，亚马逊一直专注于其电子商务和云计算服务，这两个领域都与其核心竞争力紧密相关。这种专注使企业能够深耕市场，提高产品和服务的质量，最终在竞争激烈的市场中脱颖而出。

第二，敏捷性。“少量多样”战略赋予企业更大的敏捷性。它们能够更快

地适应市场的变化，快速迭代产品和服务，以满足客户不断变化的需求。敏捷性还包括对市场反馈的快速响应，这有助于企业更好地理解客户，并及时进行调整。谷歌的母公司Alphabet Inc.采取了类似的战略，将其多元化的业务分拆成独立的子公司，使每个子公司能够更加灵活地应对市场挑战，快速创新并实验新的业务模式。

在少量多样的成功之道中，专注和敏捷性是两个关键要素。企业高管需要坚定地专注于核心竞争力，并确保资源的集中使用。与此同时，他们还需要建立敏捷的组织文化，以适应市场的不断变化，并在竞争激烈的环境中保持竞争优势。这种平衡将有助于企业在少量多样的战略中取得成功。

在当今瞬息万变的商业世界中，少量多样的颠覆性策略已经成为成功的关键。通过精耕细作、多元化创新以及专注核心竞争力，企业可以实现颠覆性的创新，重新定义行业标准。然而，这种策略也伴随着风险和挑战，需要谨慎地决策和可持续性地考虑。企业高管和决策层应该认识到以下四个关键点。

第一，风险管理和回报。“少量多样”的策略虽然可以带来创新和竞争优势，但也伴随着一定的风险。企业需要仔细权衡资源分配和潜在回报。错误的投资决策可能导致资源浪费和市场份额的损失。因此，决策层需要建立有效的风险管理机制，确保投资的合理性和可行性。

第二，可持续性问题。颠覆性创新必须与可持续性原则相协调。企业在推动创新时，必须考虑其对环境、社会和道德的影响。不可持续的做法可能会引发负面舆论，损害品牌声誉。因此，企业必须在创新过程中积极考虑可持续性问题，采取符合社会责任的行动。

第三，敏捷性和学习能力。“少量多样”的策略要求企业具备敏捷性，能够快速适应市场变化。这需要建立一种学习型组织文化，鼓励员工尝试新方法，接受失败，从中吸取教训，并不断改进。谷歌的“试错文化”就是一个成功的例子，他们鼓励员工尝试新想法，无论成功与否，都能够获取有价值的

经验。

第四，长期愿景。“少量多样”的策略并不是一蹴而就的，通常需要时间来见效。企业高管和决策层必须具备长期愿景，能够坚守初衷，不受短期挫折和市场波动的影响。特斯拉的电动汽车战略就是一个长期愿景的体现，他们持续投入研发，并相信电动汽车将在未来占据主导地位。

在“少量多样”的颠覆性策略中，企业高管和决策层的角色至关重要。他们需要明智地管理风险、关注可持续性、鼓励敏捷性和培养长期愿景，以确保企业在竞争激烈的市场中脱颖而出，不断创造价值。“少量多样”的策略不仅能够为企业获取利益，还可以推动整个行业的发展，带来更多的机会和创新。

（二）从“拳头产品”到“利基产品”

传统上，企业追求的是一种“拳头产品”战略，即努力开发大众市场的产品，以获取广泛的客户基础。然而，现今的趋势表明，越来越多的企业正在采用“利基产品”策略，将焦点集中在小而特定的市场领域上。

“拳头产品”是指企业开发的大规模市场产品，旨在吸引广泛的客户群体。这些产品通常具有大规模生产和广告推广的特点，旨在实现高销量和市场份额。

拳头产品的优势在于可以产生规模经济，即生产大量产品可以降低单位成本，提高利润率；也可以提高企业市场知名度，即大规模广告推广能够提高品牌知名度，吸引更多的客户。

然而，随着时间的推移，市场需求变得越来越多样化。消费者不再满足于标准化的产品，而是寻求个性化和特定需求的满足。

全球市场竞争激烈，企业必须寻找新的方法来使自己脱颖而出，利基产

品策略随之兴起。

“利基产品”是指企业专注于小而特定的市场领域，为特定的客户群体提供高度定制的产品或服务。

“利基产品”可以满足特定需求，即“利基产品”能够满足特定客户群体的独特需求，提供更高的价值；可以减少竞争，即由于市场较小，竞争通常较少，企业更容易建立领导地位。

然而，从“拳头产品”转向“利基产品”策略需要企业进行文化和组织结构的调整。这可能是一项艰巨的任务，但也是成功的关键。

例如，企业必须重新分配资源，以满足新策略的需求。投资决策需要谨慎考虑，以确保产品的质量和市场的成功。在利基产品策略中，市场细分变得至关重要。企业与客户建立深度关系对于利基产品的成功至关重要。了解客户需求，提供卓越的支持和服务，可以帮助企业建立忠实的客户群体。

利基产品策略需要持续的创新。企业必须不断提供独特的解决方案，以满足客户的变化需求。也就是说，在追求利基产品策略时，企业还必须考虑可持续性。这包括产品的环保性和社会责任。

随着技术的发展和社会的变化，市场将继续发生变化。企业必须密切关注新的市场趋势，并灵活调整战略。投资者和消费者对企业的期望也正在发生变化，企业管理层必须在不断变化的市场中制定灵活的战略，同时保持创新和可持续性的关注。只有那些能够适应市场需求并满足客户期望的企业，才能在未来蓬勃发展。

从“拳头产品”到“利基产品”的战略转变代表了企业在当今充满竞争和机遇的时代，必须灵活适应市场需求的必要性。这一转变反映了市场和消费者的多样性，以及新兴挑战和机会的出现。以下是一些关键的观点，以更深入地探讨这一战略转变的重要性。

第一，迎接市场多样性。现今市场的特点之一是多样性。不同年龄、文化、兴趣和需求的消费者在市场中占据着重要地位。传统的“拳头产品”策

略，虽然有其优点，但往往难以满足这种多样性。企业必须识别并理解不同的客户细分，并提供定制化的解决方案来满足他们的需求。这就是“利基产品”策略的核心，它鼓励企业更加关注特定市场细分，为其提供高度定制的产品或服务。

第二，强调价值创造。从“拳头产品”到“利基产品”的战略转变还强调了价值创造的重要性。拳头产品通常追求的是大规模市场，注重销量和市场份额。然而，随着市场竞争的加剧，这种策略可能导致价格战和降低产品质量，从而降低了客户价值。相比之下，“利基产品”策略着重于为特定市场细分提供高品质、高价值的产品或服务。这种高价值的提供有助于建立忠实的客户群体，为企业带来长期盈利。

第三，超越竞争。在竞争激烈的市场中，企业必须找到方法来超越竞争对手。传统的“拳头产品”策略往往会导致竞争激烈，因为多家企业争夺相同的市场份额。相比之下，利基产品策略可以帮助企业避免直接竞争，因为它们专注于满足特定市场细分的需求。这不仅减少了竞争压力，还提供了更多的机会来建立行业领导地位。

第四，长期可持续性。从“拳头产品”到“利基产品”的战略转变有助于企业实现长期可持续性。通过满足特定市场细分的需求，企业能够建立忠实的客户关系，降低客户流失率，并创造持续的现金流。这为企业提供了更大的稳定性，使其能够更好地应对市场波动和不确定性。

第五，多样化的客户需求。客户需求日益多样化。不同的消费者群体有不同的偏好和需求，而且这些需求在不同时间和地点也可能发生变化。企业必须能够灵活地满足这些需求，提供个性化和定制化的产品或服务。这正是“利基产品”策略的优势所在，它鼓励企业更专注地研究和理解特定市场细分，以提供有价值的解决方案。

第六，突破竞争壁垒。市场竞争的激烈程度也在不断上升。传统的“拳头产品”策略通常导致直接竞争，因为多家企业争夺相同的市场份额。这可能引

发价格战和产品同质化，降低整个行业的盈利能力。相比之下，通过采用“利基产品”策略，企业可以避免直接竞争，专注于特定市场细分，从而提供更高价值和更专业化的产品或服务。这有助于建立更强大的竞争优势。

企业领导层必须认识到，市场环境在不断演变，而“拳头产品”策略可能不再适用于所有情况。通过采用“利基产品”策略，企业能够更好地满足多样化的客户需求，提供高价值的产品或服务，超越竞争，实现长期可持续性。这一战略转变是企业生存和繁荣的关键之一，必须得到管理层的积极认可和支持。只有那些能够灵活适应并积极迎接市场多样性的企业，才能在未来取得成功。

二、打造低库存和强平台

（一）为什么需要打造低库存和强平台

在当今全球化、数字化的商业环境中，企业高管面临着巨大的挑战和机遇。其中之一是如何有效地管理库存并构建强大的数字平台，以适应不断变化的市场需求。

第一，库存管理的挑战与重要性。在当今复杂多变的商业环境中，库存管理成为企业成功的关键之一。然而，传统的库存管理方式面临一系列挑战，这些挑战在全球化和数字化的时代越发突出。

1.过度库存的陷阱。过度库存一直是许多企业面临的问题。企业往往倾向于采用“安全库存”的策略，以确保产品供应的稳定性。然而，这可能导致资金被困在库存中，占用了公司的资金，并增加了库存管理的复杂性。案例研究中，飒拉的敏捷供应链管理策略将库存降至最低，通过快速响应市场需求，避免了过度库存的问题，降低了资金占用成本。

2.资金占用与机会成本。库存不仅占用了企业的资金，还带来了机会成本。这些资金本可以用于其他更具战略性的投资，如研发、市场推广和扩张。通过库存优化，企业可以释放被困在库存中的资本，以支持更多战略性的活动。丰田汽车公司的“精益生产”原则就是一个成功的案例，通过减少库存、提高生产效率，降低了资金占用成本，实现了更快的市场响应和更高的盈利能力。

3.产品过时和陈旧。随着技术的快速发展和市场需求的变化，产品过时和陈旧成为库存管理的一项重要挑战。企业需要不断监测库存中的产品，确保它们仍然具有市场价值。如果产品滞销或陈旧，将会导致库存贬值和损失。

飒拉以其快速的设计和生产速度，成功地应对了这一挑战，确保产品始终保持新鲜和符合市场趋势。

库存管理的挑战不容小觑，但它们也带来了巨大的机会。通过减少过度库存、优化资金占用和及时调整产品，企业可以降低成本、提高效率，并更好地适应市场的波动。

第二，数字化转型与供应链优化。数字化转型赋予企业实时可见性的能力，这是优化库存管理的重要一步。通过物联网技术，企业可以追踪库存的实际位置和状态，无论库存位于全球的哪个角落。这种实时数据的可见性使企业能够更准确地了解库存水平，预测需求，以及识别潜在的瓶颈和问题。

1.智能预测与需求管理。数字化转型还带来了智能预测和需求管理的创新。企业可以借助机器学习和人工智能算法来分析历史销售数据、市场趋势和其他因素，以更准确地预测需求。这使他们能够更好地规划库存、减少缺货风险，并更好地满足客户的需求。

沃尔玛是数字化转型的佼佼者之一。他们引入了智能预测系统，能够根据多种因素自动调整库存水平。这一系统在销售高峰期和特殊促销活动中表现出色，帮助沃尔玛避免了过度库存和缺货问题。

2.自动化与供应链协同。数字化转型也推动了自动化和供应链协同的发展。自动化仓储系统、机器人和自动驾驶车辆正在改变库存管理和物流运营。这些技术可以加速订单拣选和交付，提高了订单的准确性，并降低了运营成本。

通过数字化供应链协同，企业可以更好地协调供应商、制造商和分销商之间的活动。这有助于避免延迟和瓶颈，提高整个供应链的效率。沃尔玛的数字化供应链管理系统是一个成功的案例，它将各个环节连接在一起，实现了更高的供应链协同。

数字化转型的浪潮为库存管理和供应链优化带来了前所未有的机会。企业不仅可以降低库存水平，还能提高运营效率，减少成本，提高客户满意度。

然而，数字化转型也需要高度的投资和资源，以及对新技术的深刻理解。

3.构建强大的数字平台。在数字化时代，拥有强大的数字平台已经成为企业获取竞争优势的不二法门。这一章我们将深入研究苹果和谷歌这两家企业是如何通过应用生态系统、云计算服务和智能设备，成功构建了强大的数字平台，并取得了卓越的业绩。

4.应用生态系统的力量。苹果是应用生态系统的典范。他们的iOS生态系统包括了iPhone、iPad、Mac电脑以及与之相关的App Store。这一生态系统吸引了无数的开发者和用户，形成了良性循环。开发者通过为苹果设备开发应用程序获得了利润，而用户则受益于海量的高质量应用，使得苹果设备变得更具吸引力。这种生态系统效应使得苹果成为全球最有价值的品牌之一。

5.云计算服务的战略。谷歌通过云计算服务取得了巨大成功。他们的Google Cloud平台不仅支持了谷歌自身的服务，还提供了云计算基础设施和工具，吸引了许多企业客户。通过投资和发展云计算，谷歌不仅拓宽了收入来源，还为其搜索和广告业务提供了关键的支持。

6.智能设备的整合。苹果的HomePod和Apple Watch，以及谷歌的Nest系列产品，都通过无缝的互联性将智能家居带入了新的境界。这种整合不仅提供了便利性，还为企业提供了巨大的数据机会，用于更好地了解用户并改进产品。

构建强大的数字平台是企业获取竞争优势的关键。这些平台不仅吸引了广泛的用户和合作伙伴，还为企业提供了持续增长的机会。然而，这也需要巨大的投资和持续地创新。

未来，新兴技术如区块链、5G通信和增强现实将继续改变商业环境。这些技术将为低库存和强平台战略提供更多机会和挑战。例如，区块链可以提供更安全的供应链跟踪，5G通信将加速数据传输，可以提供更丰富的客户体验。企业需要密切关注这些趋势，并灵活调整其战略以适应变化的环境。

低库存和强平台战略是企业在当今竞争激烈的市场中脱颖而出的关键之

一。通过领导力、技术投资、人才培养和风险管理，企业可以实现这一战略的成功执行，并在未来取得持续增长和创新的机会。

打造低库存和强平台是企业生存和繁荣的关键。通过库存管理的优化和数字平台的建设，企业可以更好地应对市场挑战、提高效率、满足客户需求，为未来的成功奠定坚实基础。

（二）吸引更多兴趣买家的关注

当吸引潜在买家的关注变得越加困难时，企业必须采用创新的方法，以在竞争激烈的环境中脱颖而出。

第一，品牌建设与故事讲述。

1.品牌故事的力量。品牌故事不仅仅是一种市场传播工具，更是情感的桥梁，它能够将消费者与企业之间建立深厚的情感联系。苹果公司的成功正是一个充分体现品牌故事力量的例子。他们的品牌故事并不仅限于销售产品，而是讲述了一场关于改变世界的梦想和不断创新的故事。

苹果的品牌故事强调了对挑战传统的承诺，以及将技术与艺术相融合的使命。这种独特的品牌叙事方式吸引了那些渴望拥有创新性产品、追求卓越和梦想超越现实的消费者。正是这一情感连接，使得苹果的产品不再仅仅是一种工具，而是一种表达个性和生活的方式。

品牌故事的力量在于它超越了产品的功能特性，使品牌与消费者之间的关系更加深刻和持久。通过在品牌故事中传达企业的核心价值观和使命，企业可以与消费者建立情感共鸣，引导他们成为品牌的忠实支持者。

2.品牌一致性。品牌一致性是品牌建设中不可或缺的一环。它确保了无论消费者身处何地，无论与品牌互动的方式是什么，都能够获得一致的品牌体验。这种一致性不仅仅是视觉上的，还包括声音、语言、情感和价值观。

拥有强大品牌一致性的企业如星巴克，已经超越了单纯的产品销售，构建了一个全球范围内的咖啡体验。星巴克的咖啡店无论在纽约、东京还是伦敦，都传达着相同的品牌价值观，提供相似的舒适环境和高品质的咖啡。这种一致性帮助星巴克建立了顾客的信任和忠诚度。

品牌一致性的关键在于确保品牌的每个元素都传达相同的信息和情感，从而构建一个统一而强大的品牌形象。这种一致性使消费者能够放心地选择并信任品牌，因为他们知道无论何时何地，都会获得一致的品牌价值和体验。

在竞争激烈的市场中，品牌故事和一致性不仅仅是吸引兴趣买家的关键，也是维护和提升品牌价值的不可或缺的因素。企业领导层需要认识到这一点，并将品牌建设视为战略中至关重要的一环。只有通过打造引人入胜的品牌故事和保持品牌一致性，企业才能在市场中脱颖而出，吸引并留住更多兴趣买家的关注。

第二，个性化和定制服务。

1.数据驱动的个性化。在数字时代，数据成为个性化服务的驱动力。企业可以通过分析大数据，了解客户的需求、兴趣和行为，从而提供更加精准的个性化服务。网飞作为一个杰出的例子，利用数据分析来深入了解用户的观看历史和偏好，为他们推荐个性化的内容。

通过这种数据驱动的个性化，网飞吸引了全球范围内的观众，并提高了用户黏性。用户感到他们得到了特别的对待，因为他们所看到的内容与他们的兴趣高度相关。这种个性化不仅仅改善了用户体验，还提高了订阅率和留存率。

个性化服务不仅限于内容推荐，还可以应用于定制产品和服务。企业可以根据客户的需求和偏好，提供定制化的解决方案。这种精细程度的个性化不仅提高了客户满意度，还增加了销售额。例如，一些电商平台允许顾客自定义产品，如T恤、鞋子或家具，从而满足他们的独特需求，吸引更多的购买者。

2.定制体验。除了个性化产品和服务，定制体验也是吸引兴趣买家关注的一种有效策略。企业可以通过创造独特的购物或使用体验，使客户感到特殊。耐克是一个很好的例子，他们允许顾客自定义运动鞋的外观和性能。

通过耐克的定制服务，顾客可以选择鞋子的颜色、材质、鞋舌上的文字等，从而创造出与众不同的鞋子。这种定制体验不仅使顾客感到参与其中，还让他们感觉自己拥有了一双与众不同的鞋子。这种独特感吸引了消费者的关注，使他们更有可能购买耐克的产品。

个性化和定制服务不仅提高了客户满意度，还可以增加客户忠诚度。当客户感到他们的需求和喜好得到尊重和满足时，他们更有可能成为品牌的忠实支持者，并推荐给他们的朋友和家人。因此，对于企业来说，投资于个性化和定制服务不仅是一种吸引兴趣买家关注的策略，还是建立长期客户关系的关键。

第三，创新与独特性。

1.产品和服务的创新。企业必须不断地寻求新的方式来满足客户需求、提高产品质量以及增强用户体验。创新不仅仅是产品功能的提升，还包括对产品或服务的根本性改进。例如，特斯拉的电动汽车就展现了出色的创新能力。

特斯拉的电动汽车不仅在环保性方面具备独特之处，还融合了先进的自动驾驶技术和高性能特点，使其成为引领行业的先锋。这些创新使得特斯拉汽车成为吸引环保主义者、科技爱好者和那些寻求高性能汽车的消费者的理想选择。通过不断推陈出新，特斯拉保持了在电动汽车市场的竞争优势，吸引了越来越多兴趣买家的关注。

企业应该将创新作为持续的努力，并将其融入组织的文化中。只有不断寻求改进和创新，企业才能在市场上脱颖而出，吸引更多的潜在买家。

2.独特性和独特卖点。除了产品和服务的创新，强调独特性和独特卖点也是吸引兴趣买家的有效策略。企业可以通过突出自己与竞争对手的差异，吸引那些寻求与众不同体验的消费者。

爱彼迎成功地利用了独特性来吸引兴趣买家。与传统酒店不同，爱彼迎提供了一种更个性化、更本地化的住宿体验。旅行者可以选择在当地人的家中入住，与当地文化互动，享受更加独特的旅行体验。这种独特性吸引了那些寻求新奇和特殊体验的旅行者，成为爱彼迎的忠实用户。

企业应该深入了解他们的目标市场，找到那些与自己的独特卖点产生共鸣的潜在买家。然后，他们可以通过市场营销和品牌故事来强调这些独特之处，吸引更多兴趣买家的关注。

总之，创新和独特性是吸引更多兴趣买家的关键。企业需要不断改进产品和服务，并突出自己的独特之处，以在竞争激烈的市场中脱颖而出。这两个因素结合起来，可以帮助企业吸引更多的关注，扩大市场份额，实现持续的增长。

第三，数字营销和社交媒体。

1.社交媒体的力量。在数字时代，社交媒体已经成为吸引兴趣买家不可或缺的工具。社交媒体平台如Facebook、Instagram、Twitter和LinkedIn等为企业提供了与潜在客户直接互动的机会，以及分享品牌故事和吸引人的内容平台。社交媒体的力量在于它能够迅速传播信息，建立情感联系，以及与目标受众建立亲密关系。

举例来说，Coca-Cola在社交媒体上的营销策略是一个成功的案例。他们以创意和有趣的方式在社交媒体上发布内容，与年青一代的消费者建立了深刻的联系。通过借助用户生成的内容、有趣的挑战和与品牌相关的话题，Coca-Cola吸引了数百万的关注者。这种互动性质的社交媒体活动使品牌故事更加引人注目，吸引了更多兴趣买家的关注。

2.数据驱动的广告。数字平台如谷歌和Facebook等提供了数据驱动的广告服务，帮助企业将广告传达给潜在客户，实现更精准的广告投放。这些广告平台通过分析用户的行为和兴趣，能够将广告呈现给最可能感兴趣的受众，

从而提高广告的点击率和关注度。这种个性化服务吸引了更多的关注和互动。

例如，谷歌广告利用用户的搜索历史和行为来呈现广告，确保广告内容与用户的需求相关。这种广告的个性化程度使用户更有可能点击广告链接，了解产品或服务，最终成为兴趣买家。

吸引更多兴趣买家的关注是企业成功的关键。通过品牌建设、个性化服务、创新和数字营销等策略，企业可以在竞争激烈的市场中脱颖而出。然而，企业也需要认识到市场环境的不断变化，不断调整策略以适应新的挑战和机遇。

PART 7

免费式商业模式的实质

一、吸引无数企业的免费模式到底有没有用

免费模式，作为一种商业策略，曾经搅动了商业界的风云。从软件和服务到内容和应用，许多企业都试图通过免费赢得市场份额。然而，这种免费模式既有吸引力，又有风险。

免费模式确实能给企业带来一些便利，这些便利包括：

第一，吸引用户。免费模式的最大吸引力之一是它可以快速吸引大量的用户。这对于新兴企业来说尤其有利，因为它们可以迅速建立用户基础，为企业的未来发展打下坚实基础。例如，Slack在初始阶段提供了免费的协作工具，吸引了许多小型企业和团队，随后成功实现了收费用户的转化。谷歌的搜索引擎、电子邮件服务和办公套件都是免费提供的，但通过广告收入获得了巨额利润。谷歌成功地利用了免费模式来吸引用户、积累数据并建立了数字广告帝国。

第二，数据积累。免费模式使企业能够积累大量有关用户行为和偏好的数据。这些数据可以用于更好地了解目标市场，优化产品或服务，以及精确地定位广告。亚马逊的Prime会员计划就是一个典型的例子，它为亚马逊提供了丰富的客户数据，有助于他们改善推荐系统、提供个性化的购物体验，从而增加销售额。

第三，社交网络效应。免费模式通常通过社交网络效应来加速增长。当一个用户使用免费产品或服务后，可能会鼓励朋友、家人或同事也加入，从而扩大用户基础。社交媒体平台如Facebook和Twitter便依靠这种效应实现了爆炸性增长。

第四，建立品牌认知度。免费模式有助于建立品牌认知度。当用户感到免费产品或服务对他们有价值时，他们更有可能记住品牌并成为忠实用户。

这种品牌认知度可以帮助企业在竞争激烈的市场中脱颖而出。

第五，试用和升级机会。免费模式为用户提供了试用产品或服务的机会，这可以降低购买决策的风险。用户熟悉了产品或服务，并看到了它的价值，可能会愿意升级到付费版本，以获得更多功能或更好的体验。这对于诸如软件和应用程序开发商等行业尤其重要。

第六，长期客户关系建立。通过提供免费的初始价值，企业可以建立长期的客户关系。这种关系可能导致持续地购买、交叉销售和客户忠诚度的提高。

虽然免费模式具有这些明显的优点，但企业必须谨慎考虑如何在免费模式下实现盈利，以确保可持续性。否则，免费模式可能最终成为企业的负担。

免费模式虽然有一些吸引人的优点，但也伴随着一些显著的缺点，这些缺点包括：

第一，成本。免费模式并不意味着没有成本。企业需要投入大量资源来开发、维护和支持免费产品或服务。这些成本包括研发、服务器维护、客户支持和市场推广等。在短期内，这些成本可能无法通过销售来盈利，给企业带来财务压力。例如，社交媒体平台Twitter多年来一直亏损，尽管拥有数亿用户。

第二，可持续性。免费模式常常引发可持续性问题。企业必须考虑如何在长期内实现盈利，以维持运营并支持业务的增长。很多情况下，企业不得不依赖广告收入或转向付费模式，以确保盈利。这种转型并不容易，因为用户可能已经习惯了免费服务。一些企业，如乐视网，由于无法找到可持续的盈利模式，最终陷入了财务困境并破产。

第三，品质和支持问题。免费产品或服务可能受到品质和支持的限制。因为企业的主要收入源头有限，他们可能不愿意或无法投入足够的资源来提供高质量的产品或给予客户及时的支持。这可能导致用户体验下降，降低用户满意度。

第四，竞争激烈。免费模式通常会吸引大量竞争者，导致市场过度竞争。这可能会降低行业的整体盈利潜力，使企业难以脱颖而出。例如，免费应用市场中的竞争非常激烈，只有少数企业能够获得成功。

第五，广告依赖。免费模式可能使某些企业变得极度依赖广告商，如果广告商减少广告支出，这些企业的生存将受到威胁。这种情况在互联网和媒体行业尤为常见。

总之，免费模式有其吸引力，但它并非适用于每个企业。企业需要进行深入的资源评估、用户转化策略、差异化竞争和与长期战略的协调。只有在充分准备的情况下，企业才能最大限度地利用这一策略，并确保它不会成为负担，而是一种长期增长的机会。

二、“次优体验”是免费模式的一道硬伤

无论何时，企业必须不断创新和探索新的商业模式以吸引客户，建立品牌并保持竞争优势。免费模式是一个备受争议的策略，它吸引了大量用户，但同时也引发了一些质疑。

免费模式在吸引用户方面确实有着巨大的吸引力，但它也可能导致“次优体验”。企业必须权衡吸引用户和提供高质量体验之间的平衡，以确保用户满意度和忠诚度。免费模式是否适用，取决于企业的战略和可持续性计划。因此，企业需要认真考虑如何克服与免费模式相关的问题，以在竞争激烈的市场中取得成功。

第一，广告干扰。免费模式经常依赖广告收入来维持运营，这可能对用户体验产生负面影响。广告的存在通常会给用户带来不好的使用体验，用户可能感到烦躁，尤其当广告过于频繁或不相关时。例如，在用视频平台观看视频时，用户可能需要忍受视频中间的广告，这可能分散他们的注意力并降低观看体验。

1.隐私问题。一些免费模式可能涉及对用户隐私的侵犯。企业可能会收集用户的个人信息，并将其用于广告定向或其他目的。例如，社交媒体平台因其数据收集和隐私政策引发了广泛的争议。

2.竞争压力。在采用免费模式的市场中，竞争可能变得非常激烈。因为免费模式通常吸引了大量用户，企业之间可能会争夺有限的广告收入和市场份额。这可能导致一些企业不得不提供更多的免费服务，以吸引更多用户，这进一步加剧了竞争压力。

3.可持续性问题。免费模式通常需要企业依赖其他收入来源，如广告或高级订阅，以维持运营和支持业务的增长。如果这些收入来源受到不利影响，

企业可能会面临可持续性问题。这在互联网和媒体行业尤为常见，一些企业不得不频繁地调整其商业模式以适应市场变化。

4.用户锁定。一些免费模式的企业采取了用户锁定策略，即通过提供基本免费服务来吸引用户，然后鼓励他们升级到付费计划以获得更多功能。这种策略可能让用户感到受限，需要支付才能获得更好的体验。用户可能会对这种“基本版”感到不满，但又不愿意失去已有的数据或服务。

免费模式虽然吸引人，但伴随着一系列广告干扰的问题，企业在采用免费模式时必须认真考虑如何解决这些问题，以确保用户获得良好体验和维持企业的长期可持续性。

第二，有限的功能和支持。免费模式通常限制了用户可以享受的功能和支持。这是为了诱导用户升级到付费计划，以获得更多的特性和更好的客户支持。然而，这可能会给免费用户带来一系列挑战。

1.功能限制。在免费版中，功能通常受到限制。例如，项目管理软件Trello提供了基本的免费版，但高级功能如团队合作和自定义工作流则需要付费。这可能会限制免费用户在工具上的灵活性，也会影响免费用户的办公效率。

2.广告和促销。一些免费模式包括了广告和促销，这可能会在用户界面产生干扰，降低用户体验。这些广告可能会让用户感到不舒服，特别是当它们与应用或服务的内容不相关时。

3.有限的支持。免费用户通常获得较低级别的客户支持。这意味着他们在遇到问题或需要帮助时可能无法获得及时或个性化的支持。相比之下，付费用户通常享有更高级别的支持，他们的问题更容易得到解决。

4.升级压力。免费模式可能导致用户感到被迫升级到付费版，以解锁更多功能或获得更好的支持。这种压力可能会让用户感到不满，特别是当他们本来只是寻求一个基本的解决方案时。

企业要平衡免费用户和付费用户的需求，以确保两者都能获得满意的体

验。这需要企业精心设计产品的定价和支持策略，以实现长期的可持续性和维护用户满意度。

第三，安全和隐私问题。在某些免费模式下，存在着潜在的安全和隐私风险，这是免费模式的一项重要缺点。

1.隐私问题。免费产品或服务通常需要以某种方式盈利，而其中一种方式是通过收集用户数据并将其用于广告定向。这可能引发用户的隐私担忧，特别是在用户数据被滥用或未经充分保护的情况下。例如，一些社交媒体平台被指控在未经用户同意的情况下分享用户的个人信息。

2.数据安全。免费模式可能意味着企业在数据安全方面的投入较低。这可能会使用户的数据容易受到黑客攻击，或使用户的数据面临泄露的危险。许多免费应用和在线服务发生过数据泄露事件，对用户信任造成了重大损害。

3.恶意软件和广告。一些免费应用或服务可能包含恶意软件或广告，这可能对用户设备和数据构成威胁。用户可能会在不知情的情况下下载恶意软件，或者被恶意广告引导到欺诈性网站。

4.缺乏透明度。有些免费产品或服务可能缺乏透明度，不清楚它们如何处理用户数据。这使用户难以了解他们的数据将被用于何种目的，以及如何保护个人隐私。

一些企业已经采取了相关措施来改善免费产品或服务的安全性。这包括更强的数据加密、使用更透明和更合规的隐私政策，以及给予用户更多的控制权。不过，用户在使用免费产品或服务时仍然需要谨慎，一定要仔细阅读相关的隐私政策和服务条款，以保护个人信息和数据安全。企业也需要积极投入资源，以确保用户的隐私和安全得到充分保护，以避免因隐私和安全问题而失去用户信任。

第四，缺乏创新动力。免费模式可能在某种程度上减缓了企业的创新步伐，这是另一个显著的缺点。

1.有限的资金投入。免费模式通常意味着企业主要依赖广告收入或其他

间接收入来源，而不是直接从用户那里获得收入。因此，企业可能没有足够的资金来支持大规模的研发和创新项目。这可能导致他们在功能、产品改进或技术创新方面的投资不足，从而限制产品或服务的发展潜力。

2.竞争压力。在竞争激烈的市场中，企业需要不断创新以保持竞争优势。然而，免费模式可能导致企业过度关注用户数量，而忽视产品或服务的质量和创新。付费竞争对手可能更愿意投资于研发，为用户提供更多功能和更好的体验。

3.陷入僵局。选用免费模式的企业，可能会陷入固定模式。用户已经习惯了免费的产品或服务，企业难以通过引入付费模式或提高定价来获得更多收入。这可能导致企业无法在盈利方面采取更灵活的策略。

为了克服这一缺点，企业要尝试在免费模式之外引入付费计划，以吸引那些愿意支付额外费用以获取更多功能或更高级别服务的用户。同时，企业还应该积极寻求其他的收入来源，如广告合作、许可费用或附加服务，以提供更多的资金支持创新和发展。总之，企业要维持良好平衡，既满足免费用户的需求，又为创新提供足够的动力，促进企业长期发展。

三、开启免费增值模式的关键期

企业高管和决策层需要不断探索新的商业模式来保持竞争力并实现可持续增长。其中，免费增值模式吸引了众多企业的注意力。这一模式通过提供基本免费服务，然后通过增值功能或特殊服务来实现盈利，吸引了大量用户，也为企业创造了巨大的商机。

那么，什么是免费增值模式？

免费增值模式是一种商业策略，企业提供的基本的产品或服务在起初阶段是免费的。这些免费的产品或服务通常吸引了大量用户，因为他们能够以零成本获得核心功能。然而，模式的关键在于，在吸引用户之后，企业会提供额外的增值功能、高级服务或特殊体验，以吸引用户升级到付费计划或购买附加服务。企业通过这种方式实现盈利，而不是依赖产品或服务的最初版本。

免费增值模式之所以如此吸引人，有以下原因：

第一，快速吸引用户。免费产品或服务通常更容易被用户接受，因为他们不需要承担明显的经济风险。这意味着企业可以快速建立大规模的用户基础，为未来的增长打下坚实基础。

第二，数据积累。用户的使用行为和偏好产生了大量宝贵的数据。通过免费增值模式，企业可以积累这些数据，并将其用于改进产品、精确的市场定位以及个性化服务，从而提高用户满意度和盈利能力。

第三，建立用户忠诚度。免费增值模式可以帮助企业建立用户忠诚度。一旦用户依赖免费产品或服务，他们可能更愿意升级或购买相关的增值服务，因为他们已经建立了与品牌的亲密联系。

第四，降低市场准入门槛。对于新进入市场的企业来说，免费增值模式可以降低市场准入门槛。它允许企业快速建立品牌知名度，吸引用户，并在

竞争激烈的市场中立足。

第五，探索新商业模式。免费增值模式为企业提供了探索新商业模式的机会。通过提供基本的免费产品或服务，企业可以测试市场需求，然后根据用户反馈和数据分析，不断改进和扩展其商业模式，以实现更高的盈利。

免费增值模式之所以如此吸引人，是因为它为企业提供了一种吸引用户、积累数据、建立用户忠诚度以及探索新商业模式的有效途径。然而，成功实施免费增值模式需要谨慎地规划和有效的战略执行。

第一，用户基础的快速扩张。免费增值模式的一个显著特点是能够迅速扩张用户基础。Facebook是一个杰出的案例，展示了如何实现这一目标。创始人马克·扎克伯格的策略是最初提供一个免费的社交媒体平台，让用户能够轻松地与朋友互动和分享内容。这种低门槛的免费访问迅速吸引了数百万用户。通过这个庞大的用户基础，Facebook能够吸引广告商，为其提供高度定向的广告机会，并实现盈利。

第二，数据的智能利用。亚马逊展示了如何智能地利用用户数据来提供个性化服务并增值。亚马逊收集了大量的用户购物和搜索数据，并将其用于推荐产品、个性化购物体验和预测需求。通过这种数据驱动的方法，亚马逊提供了卓越的购物体验，从而增加了用户满意度，并促使他们更频繁地购物。此外，亚马逊还通过其Prime会员计划提供了增值服务，如快速运输和流媒体内容，吸引用户升级到高级会员计划，进一步增加了盈利。

第三，差异化的增值功能。免费增值模式的成功还取决于设计差异化的增值功能。Spotify是一个典型的案例，展示了如何通过提供独特和吸引人的增值功能来吸引用户。虽然Spotify提供了免费的音乐流媒体，但它的付费订阅提供了广告免费、离线听歌和高音质音乐等增值功能。这些功能吸引了音乐爱好者，使他们更愿意升级到高级订阅，以获得更好的音乐体验。通过不断扩展其音乐库和改进其推荐算法，Spotify确保了增值功能的吸引力，并在竞争激烈的音乐流媒体市场中占据一席之地。

成功的免费增值模式要实现用户基础的迅速扩张，智能地利用用户数据，以及设计差异化的增值功能。这些策略可以帮助企业提高用户满意度、提供更有价值的服务，并在竞争激烈的市场中取得竞争优势。

展望未来，免费增值模式将继续演变，受到技术进步和市场需求的影响。以下是一些未来的发展趋势。

第一，个性化增值服务。随着大数据和人工智能技术的发展，个性化增值服务将变得更加普及。企业将能够根据用户的偏好和行为提供高度个性化的增值体验，从而提高用户满意度和忠诚度。

第二，更多的行业采用免费模式。免费增值模式将在更多的行业中得到应用，不仅局限于互联网和媒体领域，新兴技术和商业模式将使更多企业看到开启免费模式的机会。

第三，可持续性的关注。企业将更加关注免费模式的可持续性，包括如何平衡免费和增值服务的价格，以确保盈利能力。此外，隐私和数据安全问题也将成为未来发展的关键焦点，企业必须妥善处理用户数据以避免潜在的法律问题。

开启免费增值模式的关键期既充满机遇，又伴随着挑战。企业高管和决策层需要认真权衡风险和回报，制定长期战略，以确保免费模式的成功和可持续增长。同时，随着技术和市场的不断变化，他们还需要灵活适应未来的发展趋势。

对于企业高管和决策层来说，了解如何最大化免费增值模式的潜力，以及如何应对潜在的风险至关重要。在不断变化的商业环境中，掌握这一商业策略可能是保持竞争力和实现增长的关键之一。

随着技术的不断演进和市场竞争的加剧，免费增值模式将继续在各个行业中发挥重要作用。通过吸引用户、积累数据和提供个性化的增值服务，企业可以在免费模式下实现长期盈利。不过，企业必须认真权衡盈利的压力、隐私和安全问题，以及做好迎接竞争的挑战。

四、免费的天时、地利、人和

免费模式，一个表面看似简单的商业策略，却蕴含着无尽的机会和挑战。它在商业界早已不再陌生，却仍然充满了许多令人着迷的秘密。正如地理位置、天气和人口对于一个国家的兴盛至关重要一样，企业在采用免费模式时，也需要关注一系列关键要素。

我们所说的“免费的天时、地利、人和”是指免费模式的实施受到了多重因素的影响，包括市场的时间性、商业生态系统的发展，以及企业自身的资源和策略。免费模式并不仅仅是一个商业模型，更像是一场博弈，需要在合适的时机、地点和条件下运作。

“天时”在免费模式的商业策略中主要体现在以下四个方面。

第一，市场趋势和需求。“天时”意味着选择适当的市场时机。成功的免费模式通常能够满足当前市场趋势和消费者需求。企业需要分析市场，了解目标受众的需求，以便提供有吸引力的免费产品或服务。例如，云存储服务在移动设备和在线协作需求增加的时机推出，满足了用户对数据存储和共享的需求。

第二，竞争环境。“天时”还涉及了对竞争环境的洞察。企业需要考虑市场上是否已经存在类似的免费模式产品或服务，并评估自己是否有竞争优势。选择在市场竞争激烈的领域推出免费模式可能需要更高的风险和资源。

第三，技术进步。免费模式的成功通常与技术进步和创新密切相关。当新技术出现时，它们可能提供了创造性的方式来提供免费价值。例如，移动应用市场在智能手机普及之后迅速崛起，为开发者提供了通过应用购买等方式实现盈利的机会。

第四，经济环境。经济环境也是“天时”的一部分。在经济繁荣期，企业

可能更容易吸引广告商和投资者，支持免费模式的发展。相反地，在经济衰退时期，广告支出可能减少，对于依赖广告收入的企业来说，这可能会带来挑战。

“天时”在免费模式的成功中起到了重要作用。选择适当的市场时机、了解竞争环境、充分利用技术以及考虑经济和法律环境都是“天时”的体现。企业需要在合适的时间推出免费模式，为企业的生存和发展谋求机会。

“地利”在免费模式的商业策略中体现在以下四个方面。

第一，市场地位和竞争环境。地利首先反映在企业所处的市场地位和竞争环境中。如果企业在特定市场拥有领先地位或独特的资源，那么它可能更容易实施免费模式并获得成功。例如，如果一家企业是某一领域的市场管理者，它可以更容易吸引用户并建立起市场份额。

第二，商业生态系统。商业生态系统的发展也是“地利”的一部分。如果一个行业或市场的商业生态系统已经相对成熟，其中有许多合作伙伴、供应商和消费者，那么企业在采用免费模式时可以更容易找到合作伙伴，扩大用户群体，以及提供多样化的增值服务。这有助于企业更好地实施免费模式。

第三，用户群体。具体的地理位置和用户群体也是“地利”的一部分。企业所面对的用户市场可能会因地理因素而异。例如，一家免费在线地图应用可能在城市和旅游地更受欢迎，因为那里的用户更需要导航和地图功能。因此，地理位置可以影响用户的需求和接受程度，进而影响免费模式的效果。

第四，法律和监管环境。不同地区的法律和监管环境也可能影响企业的免费模式策略。某些地区可能对用户隐私、广告规定或竞争政策有特定的法规，企业需要考虑这些因素来确保免费模式的合法性和可持续性。

“地利”涵盖了市场地位、商业生态系统、用户群体和法律环境等方面。企业需要充分了解和利用这些“地利”因素，以提高免费模式的成功概率。

“人和”在免费模式的商业策略中主要体现在以下四个方面。

第一，团队和领导力。一个有能力的、有经验的管理团队对于成功实施

免费模式至关重要。这个团队需要具备商业洞察力、市场分析能力、产品开发技能和战略执行力。领导层的决策和战略规划也直接决定了免费模式是否成功。他们需要作出关键的商业决策，包括如何平衡免费和增值服务、如何吸引广告商、如何维护用户数据的隐私等。

第二，营销和用户获取。企业需要具备有效的营销和用户获取能力，以吸引大量用户。这包括建立品牌知名度、开展广告活动、采用社交媒体推广等方式。具备精湛的营销团队和策略，能够将用户吸引到免费模式中，是该模式实施成功的关键。

第三，用户体验和客户支持。提供出色的用户体验以及高质量的客户支持是关键。虽然产品或服务是免费的，但用户仍然期望获得良好的体验和快速的支持。因此，拥有优秀的用户界面、易用性和响应式客户支持团队对于满足用户期望至关重要。

第四，合作伙伴关系。建立合作伙伴关系可以为企业提供增值服务的机会，从而增加盈利能力。例如，一家免费在线新闻平台可以与广告商合作，提供广告位，从而获得广告收入。良好的合作伙伴关系有助于扩大业务范围和提供更多服务。

“人和”包括了管理团队的能力、营销策略、用户体验、数据分析、合作伙伴关系等多个方面。一个卓越的团队和策略可以使企业更好地应对免费模式的挑战，并实现商业目标。

展望未来，免费模式将继续受到技术进步和市场需求的影响，可能会经历一系列演变。接下来介绍一些免费模式未来发展趋势和可能带来的影响。

第一，订阅模式的崛起。免费模式和订阅模式之间的界限可能会变得模糊。企业可能会提供基本的免费产品或服务，然后通过提供高级、增值或定制的订阅服务来实现盈利。这种模式已经在媒体、云存储、音乐流媒体等领域得到了广泛应用。未来，订阅模式可能会更加个性化，满足用户特定需求。

第二，区块链技术的整合。区块链技术的出现可能会改变免费模式的某

些方面，特别是在数据隐私和安全方面。区块链可以提供更安全、透明和去中心化的解决方案，有助于解决一些与用户数据和支付相关的问题。一些企业可能会利用区块链来改进他们的免费模式，提高用户信任度。

第三，人工智能的应用。人工智能（AI）可以使免费产品或服务更加智能化和个性化。通过分析大量的用户数据，AI可以为用户推荐内容、提供个性化建议，甚至自动化客户支持。未来AI可能会在免费模式中扮演更重要的角色，为用户提供更好的体验和服务。

总之，免费模式将继续适应技术和市场的变化。企业需要灵活地应对这些变化，同时保持对用户需求和法规的敏感性。未来的免费模式可能会更加多样化和智能化，以满足不断变化的商业环境和用户期望。

免费模式的成败也深受这些因素的影响。无论您是企业高管还是决策层的一员，深入理解这个话题将成为您在商业竞技场中披荆斩棘、稳操胜券的关键。

PART 8

定制式商业模式的个性化经营

一、定制式商业模式定位与架构

（一）开启完全私人化定制

传统的商业模式已不再能完全支撑企业的持续发展，而完全私人化定制正崭露头角，成为企业取得竞争优势的关键之一。这个新兴商业模式将客户置于产品或服务的核心，通过个性化、独特和精细化的体验来满足客户的需求。

完全私人化定制，作为一种商业模式，突破了传统的“一刀切”的商业实践，将客户的需求和喜好置于产品或服务的核心位置。这一概念的关键在于“私人化”，它要求企业不仅要了解客户，还要为每个客户提供独特的、量身定制的体验。

完全私人化定制意味着企业需要深入了解客户的需求和喜好。这不仅包括基本的客户信息，还包括他们的购买历史、行为数据、偏好，甚至社交媒体活动。通过综合这些信息，企业可以为每位客户提供个性化的产品或服务建议，确保他们的需求得到最大限度的满足。

在完全私人化定制中，客户参与是至关重要的。企业需要与客户建立紧密的互动，了解他们的反馈和期望。这种参与不仅可以帮助企业更好地满足客户需求，还可以提高客户忠诚度，使客户成为品牌的忠实支持者。

网飞公司和耐克公司都是完全私人化定制的杰出例子。网飞通过深度数据分析，根据用户的观看历史和评级，为他们提供了个性化的电影和电视节目推荐。这种定制化的建议使网飞能够留住许多订阅用户，并吸引新用户。而耐克则通过“Nike ID”平台允许顾客自定义鞋款，包括颜色、材质和个性化标志，从而为每位顾客提供独特的鞋子。

尽管完全私人化定制充满吸引力，但其实施也面临挑战。例如，企业需要投入大量资源来建立数据分析和个性化推荐系统。此外，隐私问题也需要得到妥善处理，以确保客户的数据安全。同时，这个模式也带来了巨大的机遇，包括提高客户忠诚度、增加销售额以及在竞争激烈的市场中脱颖而出。

完全私人化定制不仅仅是一个商业模式，更是一种响应客户需求的承诺。通过深入理解客户、建立个性化体验并积极应对挑战，企业可以在这个全新的商业世界中实现突破性的成功。

完全私人化定制可以让客户感受到特别对待。当客户发现企业真正关心他们的需求，并为他们提供了个性化的体验时，他们更有可能保持忠诚，并持续选择这个品牌的产品和服务。这种忠诚度可以帮助企业在竞争激烈的市场中稳定市场份额。

通过个性化的产品或服务建议，企业可以更准确地满足客户需求，从而提高销售额。客户更有可能购买他们真正感兴趣的产品，而不是被迫购买不相关的项目。这可以提高客户的购物满意度，并增加每个交易的平均价值。此外，通过个性化的交叉销售和附加销售，企业还可以增加附加销售的机会，从而提高利润。

完全私人化定制可以帮助企业建立品牌价值。当客户将企业视为能够满足其独特需求的品牌时，品牌的地位将提高。这不仅有助于品牌巩固市场地位，还可以支持更高的价格定位，因为客户愿意为个性化的体验支付更高的价格。

在竞争激烈的市场中，完全私人化定制可以成为企业的竞争优势。它不仅可以吸引新客户，还可以留住老客户，降低客户流失率。以亚马逊金牌会员为例，该服务通过分析客户的购物历史和浏览行为，提供了个性化的产品建议。这不仅促进了交易的完成，还增加了客户的购物频率。结果，亚马逊的金牌会员通常花费更多的时间和金钱在亚马逊平台上，这对亚马逊的盈利能力产生了积极影响。

完全私人化定制不仅为客户提供了更好的体验，也有助于企业提高销售额、增强客户忠诚度并在竞争激烈的市场中脱颖而出。它不再仅仅是一种商业模式，而是一种持续增值的承诺，为客户和企业双方创造了共赢的局面。

尽管完全私人化定制有许多吸引人之处，但企业在采用这种模式时也面临一些重要的挑战，以下这些挑战需要企业精心应对。

第一，数据隐私和安全。个性化定制通常需要大量客户数据，包括购买历史、浏览行为和个人偏好。而且，管理和保护这些数据对于维护客户信任至关重要，因为数据泄露或滥用可能导致企业声誉受损并使其面临一系列风险。因此，企业必须投入大量资源来保护客户隐私并确保数据的安全，同时要严格遵守数据保护法规。

第二，高成本。完全私人化定制通常需要企业投入大量资源，包括技术、人力、时间和资金。定制化的生产流程往往更昂贵，因为它们需要更多的人工操作和个性化的生产。此外，数据分析和技术基础设施的建设也需要巨额投资。企业必须仔细权衡成本和回报，以确保这种模式能够实现盈利。

第三，复杂的运营管理。完全私人化定制涉及复杂的运营管理，包括库存管理、生产计划和物流。每个订单都可能是独特的，这使得生产和交付的计划变得更加复杂。企业需要建立高效的供应链和生产流程，以确保产品按时交付，同时满足个性化的需求。

第四，技术和人员要求。为了实现完全私人化定制，企业需要具备先进的技术基础设施，包括数据分析工具和个性化推荐系统。此外，企业需要拥有相关领域的专业知识和技能，以便更好地理解客户需求并提供个性化的解决方案。招聘和培训合适的人员对于成功实施这种模式至关重要。

虽然完全私人化定制存在一些挑战，但它也为企业带来了巨大的机会，可以提高客户忠诚度、增加销售和建立品牌价值。通过制定明智的策略，合理分配资源，并不断优化运营流程，企业可以有效地应对这些挑战，实现个性化定制的成功。

（二）规避限制定制模式的两大障碍

在当今竞争激烈的商业环境中，企业高管和决策层需要思考如何更好地规避限制定制模式中的两大障碍，以实现持续增长和成功。这两大障碍分别是市场封闭性和过度依赖。

第一，市场封闭性是企业在追求增长和扩张过程中最重要的障碍之一。这一障碍表现出多种形式，每一种都可能成为企业的增长阻碍。

1.监管限制通常是企业在国内和国际市场进展中最直接的市场封闭因素之一。不同国家和地区的法律法规和监管政策可能相互冲突，或者对特定行业有着严格的限制。企业在全球扩张时必须面对不同的法规挑战，可能需要适应多样性的监管环境。

优步在全球范围内面临着监管挑战，因为不同国家和城市对于打车服务的规定存在差异。有些地方禁止或限制了优步的运营，而在其他地方，优步必须遵循复杂的法规。因此，企业需要积极与政府和监管机构合作，争取法律合规性，同时也需要拥有灵活的战略，以应对不同市场的监管挑战。

2.在某些行业，专有技术壁垒可能是市场封闭性的主要因素。这些壁垒可能包括专利、知识产权或独特的生产工艺。企业可能会发现自己无法进入某一市场，因为已经有竞争对手拥有了关键技术或专有信息。

英特尔是一家全球领先的半导体制造商，他们的处理器技术一直处于市场封闭性的核心。由于其强大的专利和技术壁垒，其他竞争对手很难进入市场并与英特尔竞争。这使得英特尔能够长期主导市场，但同时也需要他们保持创新，以维持其技术优势。

3.市场上存在强大的竞争对手也可能导致市场封闭性。这些竞争对手可能拥有广泛的市场份额、资源和品牌认知度，使新进入市场的企业难以立足。

可口可乐和百事可乐之间的竞争就是一个例子。这两家公司在全球碳酸饮料市场上拥有巨大的市场份额，导致其他品牌难以进入市场并与它们竞争。

这种市场封闭性需要企业采取创新策略，以突破现有竞争对手的壁垒。

4.法律法规的复杂性。不同国家和地区的法律法规极为复杂，会对企业的市场准入和运营产生直接影响。企业需要遵守各种法规，包括税收政策、消费者权益法和竞争法规等。复杂的法律环境可能需要企业雇用法律专家，以确保其业务的合法性。

面对市场封闭性的挑战，企业高管和决策层需要采取积极的战略规划和合作措施。他们必须在不同市场中适应不同的法规和监管环境，同时发展创新策略以突破专有技术壁垒和竞争对手的压力。市场封闭性是企业成长道路上面临的一大障碍，但适当的策略和资源投入可以帮助企业规避这一障碍，实现持续增长和成功。

1.深入研究市场和法规。企业首先需要深入研究他们希望进入的市场，了解当地文化、消费者需求以及市场趋势。此外，他们还需要了解当地的法规和监管要求，以确保合法运营。与政府和监管机构建立积极的合作关系也是解决市场封闭性问题的关键。

2.投资于本地化。本地化是成功进入新市场的关键因素之一。企业可以考虑在目标市场建立本地化的生产基地、合作伙伴关系或提供定制化的产品和服务，以满足当地需求。

3.制定灵活的战略。企业需要制定灵活的战略，以适应市场的变化。这可能包括快速调整产品或服务、拓展供应链、改变营销策略等。定期审查战略并及时作出调整是至关重要的。

第二，过度依赖是企业在追求增长和扩张时面临的另一个重要障碍。当企业过度依赖某一产品、服务或市场时，他们可能会陷入一种脆弱的状态，一旦这个依赖因素受到威胁，整个业务都可能受到严重影响。

1.单一产品或服务依赖。企业有时会过于依赖某一款畅销产品或特定服务，而忽视了多样化的重要性。如果市场需求发生变化或新竞争对手进入市场，这种依赖性可能会使企业陷入困境。

诺基亚曾是手机市场的巨头，当智能手机兴起时，诺基亚未能及时跟进，因为他们过于依赖传统手机的销售。这个错误的战略决策使他们失去了市场份额，最终导致了公司的衰退。

2.依赖特定市场或地区。有些企业可能会过度依赖于特定市场或地区的业务，忽视了全球多元化的机会。这样的依赖性可能在面对地缘政治风险、市场波动或贸易限制时变得特别危险。

一些欧洲豪华汽车制造商在过去依赖中国市场，但市场波动和贸易争端使他们受到了影响。这种过度依赖一个市场的战略，使他们在应对不利因素时变得脆弱。

3.供应链依赖性。企业可能会过度依赖某一关键供应商或供应链，如果这一供应链出现问题，生产和交付将受到威胁。为了降低风险，企业应该考虑多元化供应链。

苹果公司曾因高度依赖富士康等供应商而受到供应链问题的影响。这促使苹果采取了多种措施来降低风险，包括多元化供应链和自主生产等。

为规避过度依赖的风险，企业需要制定多元化战略，不仅要多样化其产品和服务，还要多样化其市场和供应链。在市场竞争激烈且不断变化的环境中，多元化可以帮助企业更好地应对挑战，减少潜在的风险，并确保可持续增长。企业高管和决策层应该审慎考虑过度依赖的问题，采取适当的措施以确保业务的稳健性。

1.多元化产品和服务。企业应该努力多元化其产品和服务，以减少过度依赖的风险。这可以通过不断推出新产品线、提供附加值的服务或拓展到新的市场领域来实现。

2.多元化市场和地区。不要把所有鸡蛋放在一个篮子里。多元化市场和地区可以帮助企业分散风险，降低对特定市场或地区的过度依赖。

3.多元化供应链。依赖单一供应链是危险的，因此企业应该考虑多元化供应链，与多家供应商建立稳固的关系，以确保供应的可靠性。

4.创新和研发。不断创新和研发可以帮助企业推出新的产品和服务，保持竞争优势，并减轻对旧有产品或市场的过度依赖。

市场封闭性和过度依赖都是企业发展中的潜在障碍。企业高管和决策层需要灵活、明智地应对这些挑战，制定全面的战略，不仅考虑市场进入，还要关注多样化和创新。成功规避这两大障碍将有助于企业实现可持续增长，确保企业在竞争激烈的市场中保持竞争优势。

（三）定制化就是产生不一样的体验

企业需要不断探索创新的方式来吸引和保留客户似乎是一个永恒的命题。其中一项关键策略是定制化，即根据客户的需求和偏好提供个性化的产品和服务。

定制化已经成为现代企业竞争的关键因素之一，因为它可以为企业带来四大优势。

第一，增加客户忠诚度：客户更愿意与那些能够满足他们个性需求的企业建立长期关系。

客户忠诚度是企业长期成功的重要指标之一，而定制化战略在增加客户忠诚度方面发挥着关键作用。

1.满足个性需求。定制化战略的核心目标之一是满足客户的个性需求。通过了解客户的偏好、需求和期望，企业可以为他们提供定制的产品或服务。当客户感受到企业真正关心他们的需求时，他们更有可能对企业产生情感上的依赖，这种情感联结有助于建立忠诚度。

2.建立情感联系。定制化使企业能够与客户建立更为深刻的情感联系。这种联系不是交易性的，而是建立在信任和共鸣的基础之上。客户感到他们的需求得到尊重和满足，这会激发情感共鸣，使客户更倾向于与企业建立长

期的合作伙伴关系。

3.降低切换成本。当客户与企业建立了紧密的关系后，他们更不愿意考虑切换其他企业。这是因为切换往往伴随着不确定性和学习成本，客户宁愿继续与他们信任和熟悉的企业合作。因此，提高客户忠诚度也有助于降低客户的切换成本。

3.口碑传播。忠诚的客户往往会成为品牌的忠实支持者，积极地向其他人推荐企业的产品或服务。口碑传播是一种有力的市场宣传方式，可以帮助企业吸引新客户，进一步扩大市场份额。

4.持续互动。定制化战略通常需要持续地互动和沟通，以确保产品或服务始终满足客户的需求。这种互动加深了客户与企业之间的联系，使客户更加愿意与企业保持互动，提供反馈并继续购买。

定制化战略创造了一种个性化、情感联系和高度互动的客户体验。这些因素共同作用，使客户更有可能长期忠诚于企业，从而实现企业的长期成功。企业高管和决策层应将定制化视为提高客户忠诚度的强大工具，并将其融入战略规划。

第二，提高客户满意度：定制化可以确保客户获得符合其期望的产品和服务，从而提高了客户满意度。

1.符合期望。定制化的关键目标之一是根据客户的需求和期望提供产品或服务。当客户购买定制化产品或享受定制化服务时，他们往往会发现这正是他们所期待的。这种符合期望的体验让客户感到满意，因为他们的购买决策得到了充分的验证。

2.个性化体验。定制化为客户提供了个性化的体验，使他们感到独特和特殊。这种个性化体验可以包括产品的外观、功能、包装，或者服务的交付方式和支持。客户感受到企业根据他们的特定需求进行定制，这会让他们感受到尊重和重视。

3.问题的迅速解决。定制化战略通常伴随着更密切的客户互动。因为企

业需要了解客户的需求，所以在出现问题或需要帮助时，客户可以更容易地联系企业并得到迅速的支持。这种及时的问题解决有助于提高客户的满意度。

4.个性化反馈和改进。企业通过定制化，能够更方便收集客户的反馈和意见。这些反馈对于产品和服务的改进至关重要。当客户看到他们的反馈被积极采纳，并且产品或服务得到改进，他们会感到满意，因为他们的声音得到了企业的重视。

5.长期忠诚度。提高客户满意度是建立长期客户忠诚度的重要一步。满意的客户更有可能成为品牌的忠实支持者，他们不仅会继续购买企业的产品或服务，还会积极地向其他人推荐企业的产品或服务，从而扩大企业的客户基础。

第三，扩大市场份额：定制化允许企业吸引更广泛的客户群体，包括那些有特殊需求的客户。

扩大市场份额是定制化战略的一个重要益处，吸引并满足更广泛客户群体的需求，包括那些具有特殊需求或偏好的客户。

1.满足多样化需求。市场上存在着多样化的需求和偏好。通过定制化，企业可以为每个细分市场提供特别定制的产品或服务。这使企业能够满足更广泛的客户需求，包括那些传统产品或服务难以满足的特殊需求。

2.进入新市场。定制化还可以帮助企业进入新市场，特别是那些在传统市场中竞争激烈或难以进入的市场。通过提供符合当地需求和文化的产品或服务，企业更容易进入新市场并吸引新客户。

3.客户多样性。市场上的客户群体多种多样，包括各个年龄段、地理位置、文化背景和偏好的人。定制化战略可以根据这些差异化因素来满足不同客户的需求。这种个性化的方法有助于吸引来自各种背景和群体的客户，从而扩大市场份额。

4.竞争优势。在竞争激烈的市场中，定制化可以成为企业的竞争优势。通过提供特别定制的产品或服务，企业可以在竞争对手中脱颖而出，吸引更

多客户。这种竞争优势有助于巩固市场地位并实现增长。

定制化战略为企业提供了在市场上扩大其份额的有效途径。通过满足多样化需求、进入新市场、吸引不同背景的客户以及建立竞争优势，企业可以实现市场份额的持续增长。因此，企业高管和决策层应将定制化视为战略增长的关键要素，并在其战略规划中积极考虑和实施这一策略。

第四，增加收益：定制化产品和服务通常能够以更高的价格销售，从而提高企业的收益。

增加收益是定制化战略的一个重要经济效益，它涉及以更高的价格销售定制化产品和服务，从而增加企业的收入。

1.高附加值。定制化产品和服务通常具有更高的附加值。由于它们满足了客户的特定需求和偏好，因此客户更愿意为其付出更高的价格。这种高附加值反映在客户对产品或服务的感知价值上，从而允许企业制定更高的价格策略。

2.定价弹性。定制化产品和服务通常具有较低的价格弹性。这意味着客户更不容易对价格变化作出敏感反应，因为他们认为这些产品或服务是特别为他们设计的，具有独特的价值。因此，企业可以实施更为灵活的定价策略，从而增加收益。

3.较低的成本比例。尽管定制化可能涉及较高的制造或成本，但由于可以以更高的价格销售，它们通常具有更高的毛利率。这意味着每个销售额的一部分可以转化为纯利润，从而增加了企业的收益。

4.品牌溢价。成功实施定制化战略的企业通常会建立起高度受尊敬的品牌形象。客户愿意为与这些品牌相关的产品或服务付出更高的价格，这种品牌溢价进一步提高了企业的收益。

增加收益是定制化战略的一个显著优势。通过提供高附加值、实施灵活的定价策略、提高客户忠诚度和逐渐扩大市场份额，企业可以实现持续的增收。这为企业高管和决策层提供了强大的理由，将定制化作为增长战略的一

部分，并充分利用其经济效益。

随着技术的发展和客户需求的不断演变，定制化的未来看起来更加光明。虚拟现实、人工智能和大数据分析等技术将进一步推动个性化体验的发展。企业高管和决策层应密切关注这些趋势，并积极寻求创新的方法来提供更个性化的产品和服务。

（四）向C2M模式转型升级

当谈到现代企业的竞争优势时，C2M模式（Customer-to-Manufacturer）即“消费者直达工厂制造”模式，已经成为一个备受关注的话题。这一模式的核心理念是以客户需求为导向，将生产制造过程与市场需求更加紧密地结合起来。

C2M模式的基本原理是，企业与客户之间建立更直接、更紧密的联系，以更好地满足客户需求并提高生产效率。它强调以下三个关键点。

第一，C2M模式将客户需求放在首位。企业通过更深入的市场研究和客户反馈，了解客户的期望，并根据这些信息来定制产品和服务。

客户需求导向是C2M模式的核心原则，对企业的成功至关重要。接下来简要介绍C2M模式的重要性以及其实现方法。

1.满足客户期望。了解客户的需求和期望是建立强大客户关系的基础。通过深入地市场研究、调查和客户反馈，企业可以更全面地了解客户的喜好、习惯和期望。这使得企业能够提供更符合客户期望的产品和服务，从而提高客户满意度。

2.个性化体验。客户需求导向推动个性化定制。每个客户都有独特的需求和喜好，C2M模式使企业能够为每位客户提供定制的产品或服务。这不仅提高了客户的满意度，还增加了客户对企业的忠诚度。

3.快速适应市场。通过不断关注客户反馈，企业可以更迅速地调整产品和服务，以满足市场变化。这种灵活性使企业能够在竞争激烈的市场中更好地适应新趋势和客户需求的变化，从而保持竞争优势。

4.建立品牌声誉。C2M模式中的客户需求导向有助于建立积极的品牌声誉。当客户感受到企业真正关心他们的需求时，他们更有可能成为品牌的忠实支持者，并在社交媒体中为企业进行宣传。

5.创新驱动。客户需求导向激励企业不断创新。通过积极倾听客户的反馈和建议，企业可以识别改进现有产品或开发新产品的机会。这种创新精神有助于企业保持竞争力。

要实现客户需求导向，企业需要建立有效的反馈渠道，积极回应客户的反馈，不断改进产品和服务，并将客户的需求纳入战略规划的核心。只有通过不断满足客户期望，企业才能在C2M模式中取得成功，提高客户忠诚度，并实现持续增长。这也将有助于企业在市场中保持竞争力，建立强大的品牌声誉。

第二，C2M模式支持按需定制化生产。这意味着企业不再过度依赖大规模批量生产，而是根据客户订单的具体需求来生产产品。这有助于减少库存和降低生产成本。

定制化生产是C2M模式的关键组成部分，它在多个方面为企业带来了巨大的好处。以下简要介绍定制化生产的重要性以及它将如何影响企业的运营。

1.降低库存成本。传统的生产方式通常需要大量库存，以满足市场需求的波动。这会导致高昂的库存成本，因为需要储存、管理和维护大量库存。C2M模式中的定制化生产允许企业根据客户需求实时制造产品，从而降低库存成本。企业不再需要维持大量现成的产品库存，这有助于释放资金并提高盈利能力。

2.减少浪费。传统的批量生产往往会导致生产过剩和废品。这些废品不仅会浪费原材料，还会增加处理和处置的成本。定制化生产可以减少废品产

生的机会，因为产品是根据客户需求精确制造的。这不仅有助于减少资源浪费，还有利于环境可持续性。

3.提高生产效率。定制化生产也可以提高生产效率。因为生产是按需进行的，企业可以更好地规划生产流程，减少不必要的等待时间和生产阻塞。这有助于提高生产效率和交货速度，更好地满足客户期望。

4.提高客户满意度。定制化生产可以确保客户获得满足其具体需求的产品。客户感受到他们的需求得到充分尊重和满足时，更有可能对产品和服务感到满意。这提高了客户满意度，有助于建立强大的客户关系。

5.节约资源。传统的批量生产通常需要大量的原材料、能源和劳动力。定制化生产通常更为节约资源，因为它仅在需要时才使用资源，这符合可持续发展的原则。

定制化生产是C2M模式的关键优势之一，它不仅降低了库存成本、减少了浪费和提高了生产效率，还提高了客户满意度并节约了资源。企业通过采用这种生产方式，可以更好地适应市场需求的变化，并提供更高质量的产品和服务。这有助于企业在竞争激烈的市场中取得竞争优势，实现长期的可持续增长。

第三，C2M模式使企业能够更快速地调整产品和服务，以适应市场变化。这种灵活性对于适应快速变化的市场至关重要。

快速反应市场是C2M模式的一个关键优势，它使企业能够更好地适应不断变化的市场环境。

1.敏捷决策。在C2M模式下，企业需要建立灵活的决策和生产流程。这意味着企业能够更快速地作出决策，无论是关于产品设计、定价策略还是市场推广。企业可以更容易地捕捉市场机会，迅速调整策略，以满足客户的需求。

2.客户反馈循环。C2M模式通过与客户建立更紧密的联系，使企业能够更快地收集客户反馈。这些反馈可以用于改进产品和服务，以确保它们与

市场需求保持一致。通过快速响应客户反馈，企业可以更好地满足客户期望，提高客户满意度。

3.降低市场风险。市场环境的不确定性和竞争压力意味着企业需要能够灵活地应对市场波动。C2M模式允许企业更迅速地适应市场变化，从而降低了市场风险。无论是市场趋势的突然转变还是竞争对手的行动，企业都可以更迅速地作出反应，从而保持市场竞争力。

4.快速上市。C2M模式通常缩短了产品上市时间。企业可以更快地将新产品推向市场，抢占先机并占领更多市场份额。这对于创新型企业来说尤为重要，因为他们需要在竞争对手之前将新产品引入市场。

5.客户需求变化。客户的需求可能会随时发生变化，特别是在数字时代。C2M模式使企业能够更快速地调整产品和服务，以满足新的客户需求。这有助于保持客户的忠诚度并吸引新客户。

快速反应市场是C2M模式的一个关键优势，它有助于企业更好地应对市场的变化和竞争压力。企业高管和决策层应认识到这一优势，并积极采取措施来建立敏捷的决策和生产体系，以确保企业在竞争激烈的市场中脱颖而出。

在C2M模式下，客户不再仅仅是销售的对象，而是参与产品和服务开发的合作伙伴。这种更密切的合作关系有助于企业更好地理解客户，提高满意度，并在市场中保持竞争优势。因此，希望在竞争激烈的市场中保持竞争优势的企业，向C2M模式的转型升级可能是一种明智的策略。企业高管和决策层应认真考虑C2M模式的实施，以实现更大的市场成功和客户满意度。

二、新零售式商业模式定位与架构

（一）新零售模式的四大典型特征

随着科技的不断发展和消费者的需求不断演变，零售行业也在经历着深刻的变革。传统的零售商不得不重新审视他们的商业模式，以适应这个充满竞争和机遇的新时代。在这个变革中，新零售模式崭露头角，它呈现出一些独有的特征，对零售业产生了深远的影响。

第一，科技驱动的创新。现代消费者已经习惯于与智能手机、社交媒体和互联网连接，这使得他们更加依赖数字技术来进行购物。因此，零售商必须不断创新，利用科技来提高客户体验。

科技驱动的创新在新零售模式中扮演着至关重要的角色，它不仅改变了消费者购物的方式，还为零售商提供了更多机会来满足不断变化的市场需求。接下来深入讨论科技驱动创新在新零售中的作用。

1.数字化购物体验。随着智能手机和移动应用的普及，消费者现在可以轻松地在任何时间、任何地点进行购物。这种数字化购物体验使得购物更加便捷，为零售商提供了接触客户的新渠道。通过移动应用，消费者可以浏览产品、比较价格、查看评论并进行支付，而无须亲自前往实体店面。这为零售商提供了更广泛的市场覆盖面，并增加了销售机会。

阿里巴巴的“双11购物节”吸引了数以亿计的消费者。通过创新的数字技术，阿里巴巴成功地将线上和线下销售相结合，提供了一种新的购物体验。

2.个性化和智能化推荐。新零售模式还依赖于个性化和智能化的推荐系统，这些系统利用大数据和人工智能来理解客户的购物习惯和偏好，并向他们推荐相关的产品。这种个性化的推荐系统不仅提高了客户的购物满意度，

还增加了销售量。消费者更愿意购买他们感兴趣的产品，而零售商也能更好地理解市场趋势并调整库存。

虽然网飞公司不是零售商，但它的个性化推荐系统是一个杰出的例子。网飞根据用户的观看历史、评分和喜好推荐电影和电视节目。这种个性化的体验使订阅者更容易发现新内容，并且在网飞平台上花费更多的时间。

3.虚拟现实（VR）和增强现实（AR）。虚拟现实和增强现实技术也正在改变零售模式。消费者可以使用VR和AR来在虚拟环境中体验产品，例如，在购物前尝试家具、试穿服装或探索旅游目的地。这些技术提供了更丰富、更互动的购物体验，能帮助消费者更好地了解他们购买的产品。

Lowe’s劳氏公司是一家美国的家居用品零售商，他们引入了Holoroom（全息照相），这是一个使用虚拟现实技术的应用程序。顾客可以使用Holoroom来设计自己的厨房或浴室，然后通过VR体验他们的设计。这种虚拟体验有助于消费者更好地了解他们的家居装修需求，同时也提供了在实体店面购买产品的机会。

第二，多渠道整合。多渠道整合是新零售模式的关键特征之一，它允许零售商更好地满足多样化的消费者需求，并提供更灵活的购物方式。以下是关于多渠道整合的深入讨论：

1.无缝购物体验。多渠道整合旨在为消费者提供无缝购物体验。无论消费者是选择在线购物、实体店购物还是将两者结合使用，都希望能够方便地获取所需的产品和服务。通过整合线上和线下渠道，零售商可以实现库存的共享，确保产品在多个渠道之间的一致性，并为客户提供更加方便的购物体验。

苹果是一个成功整合线上和线下渠道的例子。消费者可以在线下实体店尝试和了解新的苹果产品，也可以在他们的在线商店获得方便的购物体验。这种多渠道整合有助于苹果扩大市场份额，并确保客户可以根据自己的需求进行购物。

2.线上到线下（O2O）战略。线上到线下战略是多渠道整合的一部分，它强调在线渠道和线下实体店面的互补性。零售商可以利用在线渠道来吸引客户，然后引导他们到实体店面购物。这种策略通过数字化工具、促销和忠诚计划，将在线和线下购物相结合，以提高销售和客户参与度。

星巴克的“O2O”战略是一个成功的范例。他们的移动应用程序允许客户在线订购咖啡和食品，然后在附近的星巴克实体店面取货。这种战略不仅提高了销售量，还促使客户更频繁地访问星巴克店铺，参与忠诚计划，并享受个性化的优惠。

3.数据整合和个性化。多渠道整合还允许零售商收集和整合来自各种渠道的数据，以更好地了解客户行为和偏好。通过分析这些数据，零售商可以实施个性化营销策略，向客户提供定制的产品推荐和促销活动，从而提高销售效率。

亚马逊通过整合线上和线下数据，实施了高度个性化的推荐系统。他们使用消费者在网站上的浏览和购买历史来推荐相关产品，以及通过线下购物和物流数据来加快订单交付速度。这种数据整合使亚马逊能够提供卓越的客户体验，增加了客户忠诚度和销售额。

多渠道整合是新零售模式的关键特征之一，它通过无缝购物体验、O2O战略、数据整合和个性化，使零售商更好地满足多样化的消费者需求，提高销售效率和客户参与度。

第三，个性化和定制化。个性化和定制化是新零售模式中的重要特征，它们旨在满足现代消费者对个性化购物日益增长的需求。

1.个性化推荐。个性化推荐是新零售中的核心概念之一。通过分析消费者的购物历史、浏览行为和偏好，零售商可以向客户提供个性化的产品推荐。这种推荐系统不仅提高了购物满意度，还增加了交易的转化率。

2.定制化产品。定制化产品允许消费者根据自己的需求和喜好定制产品。这种趋势在服装、鞋类、家具和电子产品等领域得到了广泛应用。零售商通

过提供个性化的选择来满足客户的独特需求，提高客户满意度并创造品牌忠诚度。

耐克的鞋类定制服务允许客户选择鞋款、颜色、材质和个性化选项，以创建一双完全符合他们需求的运动鞋。这种个性化体验不仅增加了销售额，还加强了客户与品牌之间的联系。

3.个性化购物体验。在新零售模式中，个性化购物体验是关键之一。零售商通过分析客户的购物历史、偏好和行为来了解他们的需求，并提供相应的个性化建议。这种个性化体验可以表现为定制化产品建议、个性化促销和个人购物建议，从而增加客户的购物满意度。

4.数据分析和智能化。个性化和定制化依赖于数据分析和智能化技术。零售商需要有效地收集、分析和利用大数据，以了解客户需求并提供个性化的服务。这包括使用人工智能和机器学习算法来预测客户行为和提供更准确的个性化建议。

Spotify使用机器学习算法分析用户的音乐喜好，为他们提供个性化的音乐推荐。这种智能化的个性化体验吸引了数百万的音乐爱好者。

个性化和定制化不仅提高了购物满意度，还增强了客户的忠诚度。零售商应积极采用数据驱动的方法，以满足现代消费者对个性化体验不断增长的需求。这也有助于零售商在激烈的市场竞争中脱颖而出，取得竞争优势。

第四，数据驱动的决策。数据驱动的决策在新零售模式中起着关键作用，它有助于零售商更智能地运营和满足客户需求。

1.客户洞察力。通过数据分析，零售商能够深入了解客户行为和偏好。他们可以追踪客户的购买历史、浏览行为、互动数据等，从而生成有关客户的洞察力。这些洞察力有助于了解客户需求，提供个性化的产品和服务，并制定更精准的市场营销策略。

苹果通过其设备和应用程序收集大量消费者数据，包括应用使用情况、位置信息和购买历史。这些数据帮助苹果了解消费者需求，改进产品，并提

供更好的用户体验。

2.预测趋势。数据驱动的决策还包括对市场趋势和客户需求的预测。通过使用机器学习和数据挖掘技术，零售商可以分析历史数据来识别趋势和模式，从而更好地预测未来的需求。

飒拉（Zara）通过密切监测社交媒体、销售数据和时尚趋势来预测消费者的喜好。这使他们能够更快速地调整生产和库存，以满足不断变化的时尚需求。

3.运营优化。数据驱动的决策有助于优化零售业务的各个方面。从供应链管理到库存控制，再到定价策略和销售渠道选择，数据分析可以指导零售商更高效地运营，并减少资源浪费。

亚马逊利用数据来预测库存需求，确保产品始终在合适的时间和地点供应给客户。这种精细的供应链管理有助于提高效率并减少成本。

数据驱动的决策不仅提高了零售商的运营效率，还改善了客户体验。通过深入洞察客户需求、预测市场趋势和优化业务流程，零售商可以更好地满足现代消费者的期望。因此，数据分析和智能决策在新零售模式中扮演着关键的角色，有助于零售商在竞争激烈的市场中保持竞争。

新零售模式在零售业中崭露头角，具有科技驱动的创新、多渠道整合、个性化和定制化以及数据驱动的决策等四个典型特征。这些特征正在改变着消费者与零售商互动的方式，对于企业高管和决策层来说，理解并应对这些特征至关重要，以在竞争激烈的市场中保持竞争优势。新零售模式已经成为未来零售业的关键，成功的零售商将不断适应和采纳这些特征，以满足不断变化的消费者需求。

（二）推动线上与线下的一体化进程

新零售是一种融合了线上和线下元素的商业模式，其目标是提供无缝的购物体验，同时满足消费者多样化的需求。这一模式的出现是因为数字化技术的飞速发展，改变了消费者的购物习惯和期望。新零售具有以下四个特点。

第一，多渠道整合。新零售不再将线上和线下渠道视为相互竞争的对手，而是将它们融合成一个统一的购物生态系统。消费者可以通过线上平台浏览产品信息、在线下实体店购物，或者选择线上购买并线下取货的方式。这种多渠道整合不仅提高了购物的便捷性，还加强了品牌的可见性。例如，消费者可以在线上浏览产品，然后在实体店内试穿或查看实物，最终决定在哪里购买。

第二，个性化体验。新零售强调个性化，这一特点是通过大数据分析和人工智能技术实现的。企业可以收集消费者的数据，了解他们的购物历史、偏好和习惯，并根据这些信息提供定制化的产品和服务。例如，一位消费者在线上购买了一双鞋子，系统可以根据他的购买记录向他推荐相关的鞋子、配饰或服装，提高交叉销售的机会。这种个性化体验增加了消费者的满意度，提高了忠诚度。

第三，即时满足。新零售重视即时满足消费者需求。这意味着提供快速送货选项、自提点服务或者更便捷的退换货流程。消费者不再满足于等待几天或更长时间的交付，他们期望在购买后尽快获得产品。因此，许多新零售企业投资于建立高效的物流系统，以确保订单能够及时交付给消费者。这种即时满足的趋势还推动了“即时零售”的发展，如无人店铺和自助结账。

第四，社交互动。新零售不仅是交易，还是社交的平台。企业通过社交媒体和在线社区与消费者建立联系，促进品牌与消费者之间的互动。这种互动可以包括回应消费者的评论、分享用户生成内容、举办线上活动等。通过积极参与社交媒体，企业可以增强品牌知名度、建立信任，并更好地满足消

费者的需求。社交互动还可以帮助企业了解消费者的反馈，改进产品和服务。

这些新零售特点构成了未来零售业的核心趋势，企业需要积极适应这些趋势，以保持竞争力。通过多渠道整合、个性化体验、即时满足和社交互动，企业可以更好地满足不断演化的消费者需求，实现在新零售时代的成功。

推动线上与线下的一体化进程需要企业明确定位和建立合适的架构。下面介绍实现这一目标的关键步骤。

第一，明确定位。在新零售生态系统中，企业需要通过明确定位来明确自己的角色和定位。这一步骤至关重要，因为它将指导企业的战略方向和决策。接下来介绍明确定位需要考虑的因素。

1.全渠道零售商。企业可以选择成为全渠道零售商，这意味着他们将在线上和线下渠道都提供丰富的产品和服务。这需要建立庞大的供应链网络，以确保产品可以在各种渠道之间流通。全渠道零售商通常面临更大的竞争压力，但也有更多的增长机会。

2.特定领域创新。这种选择是专注于特定领域的创新。企业可以选择在某一领域成为管理者，例如，在特定品类的产品上提供创新的解决方案。这种定位可以帮助企业在该领域建立专业声誉，并吸引具有特定需求的消费者。

3.市场细分。企业还可以通过市场细分来明确定位。这意味着他们将专注于满足特定消费者群体的需求。例如，专门为儿童、老年人或环保意识消费者提供产品和服务。市场细分可以帮助企业更好地了解目标受众，并提供更有针对性的解决方案。

4.地理定位。地理定位是另一种明确定位的方法。企业可以选择在特定地区或国际市场上建立强大的存在。这种定位要求企业了解目标市场的文化、法规和竞争情况，以制定适当的战略。

明确定位不仅有助于企业在新零售环境中找到自己的位置，还有助于制定明智的战略和决策。它可以帮助企业集中精力，避免资源的浪费，并更好地满足消费者的需求。无论是成为全渠道零售商还是注重特定领域的创新，

都需要在明确定位的基础上建立战略，以实现在新零售时代的成功。

第二，技术基础建设。在新零售时代，建立强大的技术基础是企业成功的关键。技术不仅仅是一个支持，它已经成为新零售生态系统的核心驱动力。以下是技术基础建设的关键要素。

1.大数据分析。大数据分析是帮助企业了解消费者行为、趋势和需求的关键工具。企业可以通过收集和分析大规模的数据来获取有关消费者购物习惯的深入洞察。这种洞察力可以用于个性化推荐、市场细分和定价策略的制定。投资于大数据技术，包括数据挖掘、机器学习和预测分析，将帮助企业更好地满足消费者需求。

2.人工智能。人工智能技术可以帮助企业自动化和优化各个方面的运营。例如，聊天机器人可以提供即时客户支持，机器学习算法可以自动调整定价策略，视觉识别技术可以用于库存管理。人工智能不仅提高了效率，还能够提供更个性化的购物体验。

3.物联网（IoT）。IoT技术可以将物理世界与数字世界连接起来，为企业提供实时数据和控制能力。在新零售中，IoT可以用于监测库存水平、跟踪商品位置、优化供应链和提供智能支付解决方案。这种技术使企业能够更好地管理和控制其运营过程。

4.数据安全和隐私保护。随着技术的进步，数据安全和隐私保护成为至关重要的问题。企业必须采取措施来确保消费者的数据得到妥善保护，同时遵守相关的法规和法律要求。这包括加强网络安全、数据加密和隐私政策的制定。

5.技术人才培养。为了成功建立技术基础，企业需要拥有合适的技术人才。招聘、培训和留住技术专业人员将有助于确保技术基础的稳固建设。此外，企业还可以与技术合作伙伴合作，共同推动技术创新。

技术基础建设不仅有助于提高企业的运营效率，还可以为个性化服务、实时决策和消费者互动提供支持。在新零售的竞争激烈环境中，具备强大的

技术基础将成为企业保持竞争力和实现成功的不可或缺的因素。通过不断投资于大数据分析、人工智能和物联网等技术，企业可以更好地满足消费者的需求，实现在新零售时代的成功。

（三）营造任意畅游的消费环境

新零售式商业模式已成为各大企业争相追逐的发展趋势。同时，为了满足日益挑剔和多变的消费者需求，企业必须重新定位自己的商业模式和架构，以创造一个任意畅游的消费环境。

第一，个性化推荐系统。个性化推荐系统是新零售中的一项关键技术，它通过人工智能和大数据分析，将消费者的需求、偏好和行为数据纳入考量，为每位消费者提供独特的购物体验。这一技术的成功应用可以显著提高购物的便捷性和满意度。

1.消费者洞察力的深化。个性化推荐系统需要深入了解每位消费者的购物历史、点击行为、购买偏好等信息。这种深度洞察力可通过分析大数据来实现，进而准确把握消费者的需求。

网飞公司运用大数据分析和机器学习算法，根据用户观看历史、评分、浏览记录等，为每个用户推荐个性化的电影和剧集。这种个性化推荐使用户更容易找到感兴趣的内容，提高了观看体验，也增加了用户留存率。

2.实时性和动态性。个性化推荐系统需要能够实时地根据消费者的行为和喜好作出调整。这意味着系统需要不断地更新数据，以反映最新的消费者偏好。

亚马逊的个性化推荐系统不仅会根据用户的浏览和购买历史提供建议，还会实时更新，以适应用户当前的需求。这种实时性让用户能够随时找到满足他们当前兴趣的产品。

3.跨平台和跨渠道的个性化。现代消费者在多个平台和渠道上购物，因此个性化推荐系统需要跨足线上和线下，确保消费者能够享有一致的购物体验。

个性化推荐系统的成功应用不仅可以提高企业的销售额，还可以提高用户满意度，建立忠诚度，并为企业提供宝贵的市场洞察力。然而，为了实现这一目标，企业必须投资于技术基础设施、数据分析和隐私保护，以确保个性化推荐系统的有效运作。在新零售的竞争环境中，个性化已经成为企业成功不可或缺的一环。

第二，强化线上线下一体化。为了营造无缝的线上线下体验，企业需要将线上和线下渠道整合为一个无缝的生态系统。这包括共享库存、统一会员系统和统一的购物车，以确保消费者可以在不同渠道间流畅切换。

沃尔玛采用了“购买在线，取货线下”的模式，允许消费者在线上下订单，然后在附近的门店自行取货。这种整合使消费者能够充分利用线上的便捷性，同时享受线下门店的实体购物体验。

通过收集和分析消费者的数据，企业可以实现个性化的线上线下互动。这包括个性化优惠、推荐商品和定制化的购物体验，以满足不同消费者的需求。

迪士尼乐园采用了MagicBand技术，为游客提供个性化的互动体验。游客可以通过MagicBand进入公园、支付、获得快速通行权，还可以在各个景点获得个性化的问候。这种个性化体验增强了游客的参与感和满意度。

为了提供无缝的线上线下体验，企业可以推广移动支付和虚拟购物助手。这使得消费者能够通过手机进行支付，还可以得到实时的购物建议和指导。

星巴克的移动应用允许消费者通过手机下订单，然后在附近的门店取货。此外，应用还提供了星巴克Rewards会员计划，通过购买记录为用户提供个性化的优惠和建议。

通过数据分析，企业可以更好地了解消费者的行为和喜好，进而指导线

上线下整合的决策。这包括决定门店位置、库存管理和市场营销策略。

亚马逊Go商店通过高度先进的传感技术和数据分析，实现了无人化的购物体验。该技术不仅提供了高度便捷的购物方式，还通过分析消费者的购物行为来优化库存和产品布局。

无缝的线上线下体验可以提高消费者的满意度和忠诚度，同时为企业创造更多的销售机会。通过整合渠道、个性化互动和数据驱动决策，企业可以更好地满足消费者需求，保持竞争优势。这种一体化的零售模式已经成为新零售的核心理念之一。

第三，实时库存和供应链管理。为了快速响应消费者需求，企业可以采用实时库存和供应链管理系统。这样可以确保产品随时可用，减少了缺货和等待时间。

飒拉以其快速时尚模式而闻名，能够在短时间内设计、生产和分发新款服装。通过实时库存和供应链管理，飒拉可以根据消费者的反馈和市场趋势调整生产和库存，实现了快速响应。

1.实时客户支持和反馈。快速响应也包括提供实时客户支持和收集消费者反馈。企业可以通过在线聊天、社交媒体和其他渠道与消费者互动，解决问题并获取反馈。

Apple手机提供了在线聊天支持，允许消费者与客服人员实时沟通并解决问题。这种快速响应帮助提高了用户满意度，并促使他们继续选择苹果的产品和服务。

2.移动应用和自助服务。通过移动应用和自助服务功能，消费者可以更加便捷地浏览产品、下订单和管理账户，不再受制于传统的购物方式。

麦当劳推出了移动点餐应用，允许消费者通过手机选择菜单、下订单并付款。这种自助服务模式提高了点餐速度，同时也减少了等待时间。

快速响应和定制化服务不仅提高了消费者的购物满意度，还有助于建立忠诚度。通过采用先进的技术和灵活的供应链管理，企业可以更好地满足消

费者的需求，保持竞争力。这种关注消费者个性化需求的新零售模式已经成为行业的发展趋势之一。

新零售式商业模式的定位与架构是企业成功的关键。通过深刻的消费者洞察力、数据驱动的决策、强大的技术基础设施，以及借鉴成功案例的经验教训，企业可以构建一个任意畅游的消费环境，实现持续增长和成功。在新零售时代，只有不断适应和创新，才能在竞争激烈的市场中立于不败之地。

（四）始终以消费者为中心

在这个数字化时代，消费者的需求和期望也在不断演变。因此，企业必须保持灵活性和适应性，以便在快速变化的市场中立于不败之地。只有通过持续地创新、数据驱动的决策和客户导向的文化，企业才能在竞争激烈的市场脱颖而出，实现可持续的增长和成功。

企业必须树立一种消费者导向的企业文化。这种企业文化意味着将消费者的需求、期望和反馈置于企业决策的中心，而不仅仅是追求短期利润。

苹果以其卓越的用户体验而闻名。他们不仅仅设计出色的产品，还确保用户界面易于使用，提供卓越的客户支持。这种关注用户体验的文化使得消费者对苹果产品忠诚度极高。

亚马逊的成功部分归于他们的客户导向文化。他们积极倾听消费者的反馈，不断改进产品和服务。亚马逊的创始人杰夫·贝索斯曾表示："如果你关注客户，他们会关注你的业务。"

消费者导向的企业文化是一种根深蒂固的价值观和组织文化，它将消费者的需求、期望和反馈放在了企业的核心位置。这种文化不仅仅是一句口号或标语，而是贯穿于企业运营的方方面面，从领导层到基层员工都需积极参与。

第一，以消费者导向的企业文化要求领导层和高管层以身作则。企业的管理者必须展现出对消费者的关注和关怀，他们的决策和行为应始终反映优先考虑满足消费者需求。管理者应该倾听消费者的声音，积极回应他们的反馈，并将这些反馈视为改进和创新的机会。

第二，这种文化需要在整个组织中培养和传承。员工应该接受培训，以了解消费者的需求和期望，并知道如何提供卓越的客户服务。他们应该被鼓励主动与消费者互动，主动收集反馈信息，并在工作中将消费者需求置于优先位置。

第三，以消费者导向的企业文化需要建立反馈和改进机制。企业应该设立渠道，让消费者可以随时提供反馈意见。这些反馈应该被认真分析和利用，以推动产品和服务的不断改进。企业还应该向消费者透明地展示他们如何回应反馈并采取措施解决问题。

第四，以消费者导向的企业文化需要建立在长期关系的基础上。企业应该努力建立和维护与消费者之间的信任和忠诚关系。这可以通过提供卓越的客户体验、满足消费者需求、定期与他们互动以及提供有价值的信息和资源来实现。

消费者导向的企业文化不仅有助于企业满足消费者的需求，还可以建立强大的品牌忠诚度，提高客户满意度，并为企业的长期成功奠定坚实的基础。它要求企业始终将消费者置于决策的中心，确保他们的需求和期望在企业的一切活动中得到充分的关注和体现。

企业要真正理解消费者，需要收集和分析大量数据。数据驱动的决策能够揭示消费者的行为模式和偏好，从而更好地满足他们的需求。

网飞通过分析用户的观看历史、评分和浏览记录，为每个用户提供个性化的电影和剧集推荐。这种数据驱动的个性化推荐使用户更容易找到感兴趣的内容，提高了观看体验。

谷歌通过分析搜索历史、点击行为和地理位置数据，不仅提供了相关性

更高的搜索结果，还展示了个性化的广告。这使谷歌成为数字广告市场的管理者。

1.超个性化体验。随着人工智能和大数据技术的不断进步，企业将能够为消费者提供更加超个性化的体验。这包括个性化的产品推荐、广告定制、价格优惠和购物建议。消费者将感到自己被企业理解和尊重，从而提高他们的忠诚度。

2.互动式购物体验。未来的消费者将寻求更多互动式购物体验，而不仅仅是购买产品。企业可以通过社交媒体、虚拟试衣间、在线活动和线下体验店等方式与消费者互动，与其建立更紧密的关系。

3.渠道整合。消费者一般会在多个渠道上购物，包括线上、线下、移动应用等，因此，企业需要整合渠道，使消费者可以享受一致的购物体验。

未来的商业环境将要求企业更加注重建立深刻的消费者关系，提供卓越的消费者体验，并关注可持续性和社会责任。只有适应这些趋势并不断创新，企业才能够在竞争激烈的市场中始终以消费者为中心，取得长期成功。